黑白人生

Janet Lau

正念、

愈在意自己
是否「做到」，
就愈增加對
「做不到」的厭惡。

我們往往執着於
容器的大小，
忘記了盛載的內容
才是重點。

重點、

無論有多「清楚」，
比起全部的現實來說，
其實一點都不清楚。

未知、

只有行動才能把恐懼
真正劃上句號。

恐懼、

生命、

生命是你的，
不要為誰而活，
要為自己的體驗和
快樂而活。

我們希望控制的
並不是對方，
而是希望透過控制外界
來避開某些
還沒痊癒的舊傷口。

控制、

當第一步出現，
你就可以開始往前走，
就這樣一步一步慢慢來，
其他的自然會發生。

邁步、

愛能療癒一切，
療癒就從接納開始。

目錄。

序

一、認識情緒

序一　常霖法師

黑和白都是最基本的顏色，可以配襯任何顏色。

很多人都覺得白色代表純潔無瑕，事實上，這個世界並無純潔無瑕的白色，因為無論何種白色都必定有雜質，又怎可能純潔呢？只有無色才能夠無瑕。

畫家達芬奇曾說過：「白是最基本的顏色，雖然哲學家不認同黑和白是顏色……就讓我們把白色定為光的代表，沒有了它便甚麼顏色也看不到了。」

做人處世，不可能風平浪靜，沒有煩惱，我們若能將萬緣放下，不被環境的變動影響情緒的起落，才可以在任何時候都能夠清淨自在。

黑色的服裝，既是盛大舞會的禮服，也是出席葬禮的服裝。一本正經的神父、法官穿黑色，反叛狂野的電單車黨也穿黑色，可見黑色是最圓融、最易被接受的色彩。

黑，卻又令很多人害怕，因為黑暗中蘊含很多不明朗因素，因此黑色也代表神秘、甚至邪惡的力量。

萬事萬物不斷變化，這刻的不明朗總會過去。就如我們穿過黑墨墨的隧道，到了盡頭就會重見天日。只要找到人生的方向，就像隧道盡頭的光明，帶領我們走上康莊大道，黑暗又有何可怕呢？

很多人覺得非黑即白，其實黑與白之間，存在着無限的灰色。但願Janet在人生無限的灰色之間，能夠從心出發，自在遊走。

——常霖法師

序二　馬淑華

看完這本書，深深感到Janet智慧的光芒。這本書不是關於如何去尋找正能量，甚至不是關於尋找快樂平安。這本書關心的是自由——心靈徹底的自由，可以懷抱不快的自由，可以陪伴不安的自由，可以面向未知的自由，可以跟無常共處的自由。無須為不快而不快，無須為不安而不安，無須為未知而恐懼，無須為無常而悲傷，從而感受到心靈深處一直存在的深邃的快樂和安穩的平靜。

這本書展現的哲理和故事告訴我們，真正的自由來自愛——對自己的愛、對別人的愛、對生命的愛。而愛可以轉化一切，因為它是無條件的，正合了古老的智慧：有容乃大，無欲則剛。

Janet在書中分享她如何面對生命的衝擊，跟崩堤而出的舊有習氣共處，撫慰多年未癒的傷口，聆聽內心的呼喚，細味生命的奧妙，回歸安身立命之所，活得更從容自在。

Janet這名字源自希伯來文，可解作「上天的禮物」。這本書也是Janet從內心深處送給我們的禮物。

Janet，謝謝你。

——馬淑華　臨床心理學家、美國麻省大學MBSR認證導師、
英國牛津靜觀中心附屬靜觀導師

序三

岑皓軒、馬漪楠

你大概不會相信，我們與Janet只見過一次。那是三年前，當時我們還在泰國旅居，她行程中有個空檔，剛巧我們也有個空檔，就這樣，我們三人便「邂逅」了。縱使是第一次見面，卻感到像是與老朋友重聚，談天時，時空彷彿停止下來。還有，雖說是三人，但我們總有在「Double Date」的感覺，因為言談之間總會提到Janet的丈夫。現在回想起來，當天真的是個「空檔」嗎？原本只是「見見面」，但原來命運另有安排。或許，這就是日本茶道說的「一期一會」吧。

收到Janet的手稿時，我們兩夫婦正忙於安排旅居日本之事。儘管忙得不可開交，但內心總有把聲音，就是要把一切事情暫時放下，騰出空間享受這《黑白人生》。閱讀這書時，就像走進了Janet的心靈花園，她在這花園當起了靈性導遊，細說她的心路歷程。這個花園裡有小鳥、紅花、綠葉、大樹、果子，同時也有害蟲、落花、枯葉、殘枝、霉果。我們很欣賞Janet的真摰坦誠，沒有遮掩、沒有修飾地全方位向我們展現她的恐懼、情緒、掙扎，正正就是《黑白人生》可貴之處。

醜陋的毛毛蟲是漂亮的蝴蝶的前身，落花是結果前的必經階段，枯葉是泥土養分的來源，殘枝是小鳥建巢的原料，霉果是種子發芽的前奏，這一切都是「Cycle of Life」。生命的黑白總在不斷交替，是黑是白在乎你的觀點與角度。「恐懼既可以限制你，也可以釋放你。」Janet說得實在太到位了。

很欣賞Janet在這裡深談死亡。兩年前我們旅居泰國時，去了泰國北部的一個有機農場跟農夫Jon Jandai學藝。他當面跟我們這群來自世界不同地方的學生說：「我不怕死亡，就算明天死去，我也很接受。」這位農夫只有四十多歲，是有機農場的靈魂人物，也是當地知名的TED演講者，他太太是美國人，兒子只有十一歲，真正是「仔細老婆嫩」，但他卻輕描淡寫地拋下一句「我不怕死亡」的重磅炸彈。當時我和太太都很糾結，因為我們的兒子只有四歲和五歲，怎可「要走就走」？兩年多來，我們一直問自己，準備好「死亡」沒有？感謝Janet，你的文章使我們放下了對「死亡」的執着。

我們一家四口在泰國、四川、沖繩旅居，不難發現這些地方的人比起香港人開心快樂。沖繩是世界上最長壽的地方之一，我們最初以為是由於當地人的飲食習慣所致，但來了這裡，便發現這不是最主要的原因，最重要的還是沖繩人的樂觀心態。沖繩人有一個核心價值，就是「なんくるないさぁ」（中文意思是「船到橋頭自然直」）。沖繩人在太平洋小島生活，自古以來都活在變幻無常的天氣和天災中，沖繩人的智慧就是：太執着於頭腦沒有意思，倒不如一切隨心。他們就是用這個「Don't Worry, Be Happy」的心態活在當下，健康長壽只是附帶的好處罷了。「快樂就是一個體驗」，Janet在書中的洞見與沖繩人的想法不謀而合。

我們閱讀此書時都不期然發現自己不斷點頭，認同書中的體驗。我們強烈感覺到《黑白人生》不是一本「知識書」，而是一本「發酵書」，Janet的文章會把你腦袋裡的資訊和經驗發酵成內心的智慧。「The longest journey you will ever take is the 18 inches from your head to your heart」，願《黑白人生》成為你靈性覺醒的酵母。

——岑皓軒、馬漪楠　《全家變泰》作者

序四　馮云

回想我從三十四歲到四十四歲這十年來，之所以會迷戀上「累得要命」的鐵人運動，是因為玩這運動時能讓我在生活工作上感到放鬆，同時還獲得了一些成就與名聲。

這個講求速度、強大耐力和毅力的鐵人賽，怎麼會讓我感到放鬆呢？按理來說應該會讓身體、精神都感到更緊張與緊繃才對吧。後來我才知道，原來是因為鐵人運動有把人緊繃的精氣神全都消耗光的種種條件，所以我們就不會（其實是不能）再焦慮緊張了。這原理說穿了和吸毒或喝酒類似，都是人在清醒的意識以外的行為，讓人沒有能力再感到焦慮，於是乎就以為自己放鬆了。

但真的放鬆了嗎？

曾喝醉酒的人都知道不是真的，酒醒了的世界仍很殘酷啊。

停了鐵人訓練後，身體開始重整。持續發炎幾年的重度牙周病讓我的牙齒紛紛搖晃與掉落；莫名的背痛常常讓我起不了床，勉強站起來後發現身體歪斜站不直；讓我時不時痛到真的去撞牆大哭的頭痛和牙痛；一吃食物就脹痛的胃（當時我感受不到，後來才知道胃不脹痛是多幸福平靜的感覺）；吸收不了營養的小腸；手關節骨折後的痠痛和行動障礙……某些病痛症狀稍微緩和了，另外幾個病痛就又趁機風雲再起，在四十四歲到四十六歲間，身體的病痛起了又落，落了再起，迫使着我去找出原因，這才知道身體的病痛都只是表面症狀，最根本原因其實來自於內心的不平靜。

始終都在的焦慮、怕被拋棄的擔心、時不時的暴怒……這些情緒一直都在，問題出自於我看不見它們，感受不到它們，更不用說它們會造成甚麼身體的問題了。

遇見Janet就在我鐵人夢醒了的那段戒「毒」的時光，也是我的生命能量從在昏沉中痛苦地覺醒、學習到最多生命的真實面貌的美妙時光。而她就是宇宙超人派來幫助我覺醒的啟蒙天使。

就像《聖境預言書》裡說的，「能夠給你提供答案的地方和人，通常都會展現迷人的光采，讓你眼睛一亮。」哇，我的天！第一次見到Janet時，她就讓我有這樣的感受。怎麼會有這麼美麗的人啊！不論是肢體、臉上的神采，還是內心能量，Janet的美讓我十分仰慕與嚮往。上課時知道幾個月後Janet在清邁有為期七天的正念瑜伽禪修課，就馬上決定要去上課。因為我知道多年來一直在找的「甚麼」即將會在那裡出現。

在Janet的正念瑜伽禪修課上，我初次接觸到冥想、靜坐、行禪、食禪，使我學會放鬆並慢下來，讓意識停止思考，回到當下，找回本我的啟蒙。

像光一樣的Janet老師找我幫忙寫序，讓我好驚喜。看完這本《黑白人生》，才知道Janet其實也和你我一樣，都曾經在黑暗中迷路，掙扎着找方向。知道了像她這樣的正念老師也曾和我一樣，頓時感到愛。謝謝Janet為這個世界和我們做的努力和分享。

希望你也能和我一樣幸運，感受到Janet像光一樣的愛。

——馮云

序五 邱瑜婷

與Janet老師第一次的接觸是看到一幅她教授的瑜伽研習課的宣傳海報。她那一頭有力量的短髮與堅定的眼神吸引我佇立在海報前，被深深吸引。完成Janet老師在台灣第一次舉辦的瑜伽二百小時師資培訓後發現，瑜伽對我心靈的改變多於身體的感受；瑜伽改變了我的思維。特別是與Janet老師真正第一眼面對面時，不用多想就知道她是我要追隨的人。她是一位用心生活的瑜伽導師。我們常說身教勝於言教，教育不是給出規定，而是如實展現出來，Janet老師就是這樣的智慧引導者。

Janet老師的第一本書《瑜伽・生活禪》是我認識瑜伽的第一本寶典，她一開始就坦誠分享自己的成長故事。你會看到一位跟你一樣平凡的人如何面對總總生命課題，你會看到一位獨立而有着完美主義思想的女性背後的黑暗故事，然後你看到她從瑜伽中練習感受自我，再在生活中運用後的轉變。你會跟着文字哭泣，再跟着書上建議的瑜伽練習得到釋放。那本書的字字句句都可以打動你，她就是這樣的了解你，因為她走過，並將過去的生命故事當作恩惠、當作成長的智慧。閱讀後我知道老師還有更深刻的事想分享，那是更真實、更貼近你我內在與外在的一切，不是只有瑜伽了。果然，三年後老師這本著作《黑白人生》誕生了。

老實說，當初老師邀請我寫推薦序實在令我壓力很大，那時我正處在自己的生命課題中，然而我知道，這書的出版可以讓更多人從心靈的綑綁與生命的挫折中找到前行的方法。太多人需要真正的鑰匙來解開心中一道道苦痛，太多人需要解決自己的問題，太多人已失去活着與存在的意義。也許你就身陷其中，或者你摯愛的人正在受苦。試試翻開這本書，也許可以讓你快樂一點，也許不一定會改變甚麼，但至少這是一個真正過來人的智慧建言。

這本書我看了四次以上，更帶着還未出版的手稿去英國進修時看。如果你只是閱讀，沒有跟着練習，就無法了解Janet老師講的內涵。這不只是一本關於個人成長的散文，也是一本可以陪伴你工作、陪伴你旅行，在任何一個時刻陪伴你的工具書，是一個可以讓生活舒服自在一點的工具書。我知道有些抽象，在我一個人於英國旅行三週時，每天不斷反芻老師書中的字字句句，然後就會在某些遇見了甚麼、面臨甚麼的時候，出現「哇喔，原來如此」的感受。那是一個很美妙的體驗，是一種醒悟、一種感恩。從老師那些簡單的箴言中醒悟，感謝老師無私的分享與教導，這本書很值得好好看看。

你是否懷疑你的價值在哪？你是否失去了自己？你是否不知道該做甚麼工作才能讓自己開心呢？我記得老師說：「做自己喜歡的事，你的光自然會展現出來。」老師在書中分享了如何做回自然的自己，做個沒有被標籤、沒有自我限制與他人評價的自己。能夠做自己，讓自己發光時，你才能夠看見他人，好好照顧自己才能好好照顧他人，不可以本末倒置，否則有可能你的照顧不是來自真愛，而會令人窒息。你對他人行為的解釋，以及他人行為對你情緒的影響都是自己內在的投射，特別是在親密的關係中，我們容易以為對方故意要讓自己生氣，或是我們對彼此的不滿根本往往來自自己長久以來的發臭的習性，是連你也說不出原因的糟糕情緒感受。老師本身經常面對這樣的狀況，她不只親身練習如何與自我相處，更能清楚分辨情緒的來龍去脈，那些練習都在書中了。

你我的生命都充滿黑與白，但是有些人怎樣都走不出黑暗，總活在痛苦中。沒有所謂的好或壞，有時候黑色也是我們成長的材料，你沒有深刻的經歷，怎麼能領悟到呢？每一個正向與快樂的人都有共同的特點：感恩生命的白，更感恩生命的黑。別急着看完這本書，慢慢細讀，你有一輩子的時間可以跟它相處，然後跟着去練習。你也會為自己生命中的黑與白而感恩。

感謝 Janet 老師！

——邱瑜婷　力格運動健護中心資深教練

自序　Janet Lau

我一直覺得，除了做好自己生命的主人外，世上再沒有其他更重要的事。有些人可能覺得自己還有很多負面及黑暗的東西，所以不能找回生命的光，我想在這裡告訴你：「別以為我生來就很開心，我也有『黑』的一面。我被憂鬱折磨了十九年，如果我能走出來，你定能做到，我們都一樣。」

市面上很多不同的書籍，特別是靈修書籍，都強調正向的東西，我覺得很好。不過我看到大多數人像我一樣，每天都在自己的黑暗中掙扎求存，如果沒有好好理解及包容「黑」的一面，我們就會不知不覺否定了自己的這個方面，這樣自我療癒或自我理解就不夠全面了。

「黑」沒有不好，就像黑夜與白天合起來才能稱為完整的一天。小時候我們也學過：白天工作，晚上休息，不休息就沒力氣工作，而不工作只休息人生就沒有太大意義。「黑」與「白」各有所長，我們只要好好了解，就能好好利用它們來幫助自己成長。

人生的黑白也是如此。一行禪師說過：「沒有泥土就不能種出漂亮的蓮花。」不理解「黑」的一面，我們就無法學習體諒及慈悲。感謝憂鬱用了十九年去教導我如何理解情緒，並令我對信念和情緒有非常深入的了解；感謝憂鬱教我把情緒視作法門，學習做自己的好朋友，接納自己、愛自己，以及了解宇宙及生命的運作模式。如果沒有憂鬱的教導，我根本不能變成今天的我。因為對情緒有深入理解，我學會如何用這法門去幫助他人。

真金不怕洪爐火，心誠則靈，靈修練習也是如此。人必須透過感同身受來與他人建立更深的連結，領悟的作用也是如此。如果只是頭腦的認知而沒有心的領會，我們的印象不會那麼深刻，就像不用或不整合知識的話很快就會被忘記。當我們身心都有領悟，你多想忘記也很難，因為身體已經把外來知識整合了。

我希望透過這本書與大家分享我在修行路上領悟的點點滴滴，當中包括自己的「黑」與「白」。你有「黑」與「白」，我也有，我們沒有分別。「黑」不是問題，無須刻意迴避或者覺得羞恥，只需學習如何利用「黑」來讓你走到「白」，那「黑」就盡了它的能力來幫助你發現潛能了。

很多人知道自己要做甚麼，但「知道」是不夠的。「知道」只是頭腦的理解，沒透過行動和感受幫忙整合，那知識最終不能幫助你。就像你不可以只靠看電視烹飪節目就當作自己已經做出美味的食物而餵飽肚子，看完節目也不等於你煮出來的食物味道跟節目中的一樣。你必須透過不斷嘗試，才能真正精通烹調技術，到最後還可能按自己的喜好和創意改良最初的食譜。修行也是一樣，不可單靠看書就以為自己得道，你必須身體力行，每天認真練習，從中改善自己的練習方式，這樣才有可能修成正道。

我在書中提供了一些自己會練習及教授的練習方式，在此書出版前已經有無數人透過練習得到幫助及改變。希望此書可以幫助你解答一些生命難題並找到練習方向，成為你的修行夥伴，讓你能與自己建立更深連結。

在此感謝你因對生命的熱誠而翻開這本書，也感謝這本書讓我可以毫無限制地做回自己，不用假裝，不用輕言細語、斯斯文文，可以自自然然地用自己的方法來做一個靈修老師。

感謝三聯再次給我機會與大家分享我對生命的想法。

感謝我的每一個學生，你們讓我了解到自己的長處與短處，因為你們的信任，令我更相信自己的能力。

感謝我先生無條件的支持。

感謝我遇到的每一位老師，沒有您們我根本不能走那麼遠。

最後感謝我的第一個學生Lance，把我帶到教學之路，你的信任為我開啟無盡的可能。

為你獻上愛與光。

——Janet

一、

認識情緒

困擾的情緒。

情緒有課題。

第一章

聽自己的兩種方式

頭腦與心的分別

我們常常聽到這樣的說法：要聽自己心裡的答案，因為只有自己才最清楚自己的需要。其實我們找朋友傾訴時，答案已經在心中，只是希望多找幾個朋友「同意」或「支持」自己的想法。就算找朋友談，有時只希望朋友能夠解讀我們的心，希望有人明白自己。

要聽自己心裡的答案，有兩種方式：第一種是從心出發，第二種是從頭腦、執着出發。

到底我們要怎樣分辨從心而發的最高真善美？甚麼又來自執着和自我呢？

自我中心作祟時

首先要學習好好穩定自己的心，分辨甚麼是念頭、甚麼是直覺。念頭和直覺都需要在體內感受，若果我們的敏感度不足，就很容易混淆。要分辨自己的心，先要了解自我定位。自我是對於自己在這世界、社會、家庭、公司的身份之定義，在不同層面，身份可以改變。比如在家中我的身份是妻子，在媽媽身邊我的身份是女兒，在瑜伽館的學生面前我的角色是可以提供答案的老師，在瑜伽館老闆面前我是為公司賺錢的員工，在社會上（視乎不同的人）我可以是瑜伽老師、顧客、提供心靈成長的工作者、小市民等。

自我就是希望在這些不同角色裡找到定位，找到衡量自己價值的落腳點。有很多不同方法可以定義自己，常見的有以下幾種：

- 透過我的成功，讓他人認同我（而不同人對成功有不同定義）。
- 因遇到不如意事情，我屬於弱勢社群，希望他人憐憫我、愛護我。
- 我想成為橋樑或幫助他人，看到他人開心我就開心。
- 我只是觀察者，看着世界瘋狂。

從上面幾個不同的定義，衍生出不同角色：

戰士／保護者／一力承擔的支柱／賜予者／被照顧者／教育者／橋樑／協助者

除了以上幾個角色，還有很多角色。但無論是甚麼角色都好，當我們的自我作祟時，我們都在為了穩固角色而作出決定。

舉個例子。一位母親看到自己的兒子認識了新女朋友，她不甚喜歡這女孩，覺得她跟兒子的價值觀並不一樣，兒子遲早會被這女孩欺負，甚至導致家庭分化。母親覺得這小兩口不般配，與其遲早會分開，乾脆不要在一起浪費時間。這時候母親就以捍衛家庭、保護兒子的態度跟兒子說他女朋友的不是，並表達不希望他們在一起的意願。此外她還會在女朋友面前刻意為難、冷嘲熱諷，讓她難堪。站在捍衛者的角色，其實母親沒有錯，她只是希望維護自己的「財產」罷了。雖然這些舉動的出發點沒錯，但往往會破壞家庭和諧，兒子或選擇跟女朋友繼續在一起，遠離父母；或者默默放棄女朋友，暗地裡對母親產生怨恨。

在這個例子裡，母親的行為就是為了捍衛自己的角色。做個好媽媽應該好好「保護」孩子，如果孩子亂來，就代表媽媽沒把孩子管教好，孩子才會不聽話，使母親這個角色受威脅。我相信沒有一個母親希望與自己的兒女關係不好，在這個情況下，這位母親就選擇了聽自己的頭腦，頭腦說：「兒子應該怎樣，一段關係應該是怎樣。」因此就算暫時犧牲與兒女的和諧，她仍選擇推翻兒子的選擇。

當頭腦帶領我們的時候，你會發現有很多「應該」。看看「執着」這個詞，它的意思就是拿着不放。我們有很多「應該」的想法，代表我們拿着那些「應該」不放手。世事的本質多變，萬物並沒有固定活動形式，當我們抓緊不同的「應該」的時候，我們就已經抗拒外界萬物了。

頭腦以既定標準來運作

再給大家一個修行者希望保持的標準作例子。

對練習認真／每天坐禪／有平安的心／有愛心／具智慧／沒苦惱／吃素／早起床／人際關係好／沒執着／沒情緒／常帶笑容／健康／說話溫柔

只是隨便列出幾項，畢竟不同的修行者抱有不同標準，不同學派也有不同標準。如果我們把這些標準變成衡量自己的一把尺，我們漸漸就會執着於這些標準。如果一個人修行是為了得到這些東西，試問：

一、這跟努力工作希望得到多些錢、較高的職位有甚麼分別？大家都是為了尋求一些東西來獲得他人認同。

二、這些標準能夠量度嗎？是具體、客觀的標準嗎？你怎知道甚麼時候能修煉成「認真」呢？如果修煉了二十年，但在第二十一年放棄了，那之前的二十年就不認真嗎？

我們每人都有很多標準，但這些標準真的可以達到嗎？達到後，你會否再次把標準調高？這些標準客觀還是主觀？如果是主觀的話，那豈不是今天你可以說你達標了，明天又可以說你不達標？若要依循這些不斷改變的標準，我們的成功率會有多高？開心指數會有多高呢？

你也可以問自己，為甚麼我會設定這些標準呢？究竟這些標準從何而來？是真的屬於自己的嗎？還是從父母、老師、教育系統、文化中得來的呢？如果我不依循這些標準，我怕遇到甚麼後果呢？背後到底在逃避甚麼？不希望甚麼狀況發生呢？

如果我依循這些標準，背後到底由恐懼支配？還是愛呢？到底是做自己？還是做他人想看到的自己呢？

那如果從頭腦出發，指的是指依循那些「應該」或者他人設定的標準來行動的話，那從心而發的感受又是怎樣的呢？

我有位學生是一家大銀行的總裁，他說：「我希望透過站在高位做些能幫助更多人的決定。銀行大多只為賺錢，但我覺得錢不是太重要，能夠幫助他人發掘其潛能，以及幫助有需要的人更重要。」剛認識這位學生時，我對他的想法抱有懷疑，在銀行任職，不為錢為甚麼？但認識他十載後，我發現他是真心希望能幫助他人，也不要求甚麼回饋。在公司裡常要做重要決定，他通常會憑良心，不為得到甚麼，只希望做適合、對的選擇。因為他的想法與同事很不一樣，所以常常要據理力爭，有時也會覺得孤力無援。可無論如何，他仍盡力維護下屬及客戶的權益。我問他是否為了希望成為好總裁才這麼做，他表示，無論在甚麼位置，他都覺得這是對的，並沒有意圖去美化自己的角色。

這位學生身體力行地展現了從心出發的態度。他的行為不是為了捍衛自己的角色，無論有沒有人感謝他、無論結果如何，他都會做同一個選擇，因為他知道這來自於他的最高真善美，是最適合的選擇。

心與頭腦的分別

同一個想法可以來自頭腦，也可以來自於心，我們並不能透過想法來分辨到底這是來自頭腦的「應該」，還是來之心的「適合」。要區分就要先學習了解想法、言語及行為背後的動機，以及更深層次的動機背後推動你的能量。

在這裡給大家舉個例子。有兩個樂於助人的人，從表面上看，他們都在幫助人，但如果仔細探討兩人背後的動機及動機背後的推動力，答案可能有所不同。

- 善心人一的動機：覺得自己很幸福，要回饋社會，於是幫助他人。
- 善心人二的動機：覺得自己可以為社會做些甚麼，於是幫助他人。

兩人的動機看起來都很正面。好，現在看看動機背後的推動力。當問到為甚麼想回饋社會時，他們的回應是：

- 善心人一：善有善報，我覺得那些人很可憐，因此想幫忙。
- 善心人二：沒甚麼原因，只是我覺得可以做些事情，幫助他們讓我覺得開心。

再繼續問他們：「如果被幫助的人不欣賞你的幫忙，甚至覺得你多餘，你會有甚麼感受？」

- 善心人一：我會覺得他毫無感謝之心，下次不會再幫他。
- 善心人二：沒所謂，他覺得不需要就不需要吧，反正我盡自己的本份而已。

你會看到，善心人一希望透過幫助他人來呈現自己，希望透過給予得到認同，所以會介意結果是否如願。善心人二就不同，他不是希望從他人身上得到甚麼，他想幫忙只是因為他覺得那是適合的事情，最後無論有否得到他人的感謝，他的感受都一樣。善心人一的出發點帶有期待，將人分為「幸福」和「不幸」兩類，甚至覺得有能力的人就應該幫助沒能力的人；而善心人二的出發點來自個人感受，他人的回應或事情的結果並不會改變他的做法，他並沒有想應不應該，只是想適不適合，所以相對來說，善心人一的出發點來自頭腦的應該，會計較結果，而善心人二則來自真心，並不計較結果。

在留意行為背後的推動力的同時，我們也可以想想行為背後內心的波動。

對於善心人一來說，當他看到他人需要幫助，心裡有一股熱誠希望能夠幫助不幸的人，幫人的時候也會留意那人的反應與態度，因為他內心介意人家有沒有感謝的心，如果不但得不到感謝，反而被罵，他就會覺得委屈、憤怒，受到歧視，認為那人不應該得到幫助。由於善心人一開始時覺得他人很可憐，動了「我覺得我要拯救他人的心」，成就「我是好人」的角色，當他人不贊同或欣賞他的行為時，他感到自己「好人」的角色被打破，因此對不欣賞他的人有委屈、憤怒的感受，泛起心的波動。

至於在善心人二看來，如果他人有需要，就會有所表示，他亦樂意幫忙；但如果他人沒有伸手求援的話，他就沒有幫忙的打算。因為善心人二一開始就沒有「應該」的想法，有人需要就會幫忙，不會在他人沒有求援前伸出援手，會先了解他人需不需要被幫忙才伸手。如果幫了忙，但他人沒有感謝，善心人二心裡的感受始終不變。看來似乎有點冷淡，並不是由於他置之不理，主要是由於他的心沒有波動。他的行為不是因為想成為怎樣的角色，對他來說，幫不幫人對他本人來說沒有改變，不會因為幫了人而高興些，也不會因為他人沒有答謝自己而不開心。他的心沒有泛起任何波動。

以內心的波動來看，我們心有波動，往往源於我們心底有「應該」的想法，覺得這樣做比較好，不這樣做就不好。但要是任何行為背後，心都有波動的話，我們的行為就會強化那波動。就像善心人一那樣，幫助他人的行為來自於心的波動，於是他幫忙時就在潛意識裡加強了「好人」、「壞人」的比較，變成需要透過外在的回饋來定義自己好不好。如果他人欣賞的話，就能為他的「好人分數」加分，但若果沒有被答謝，他就會覺得自己沒得到應得的「好人分數」。雖然表面上他在幫助他人，但內裡是透過幫人來增加自己的「好人分數」，只是想成就自己的角色。

如果心有波動，我們就很容易為了「應該」這麼做而做，也會非常計較結果，因為結果定義了我們的角色。我相信很多人沒有想過這一點，即使透過很細微的事也能捍衛自己的角色，有時自己覺得為他人做了甚麼，原來只是為了強化自己的角色。當行為變成捍衛自己角色的時候就比較容易過火，到最後可能幫不了他人，也使自己疲憊不堪。

心平如鏡的話，我們就比較容易看到他人的真正需要，做事比較容易點到即止，成效也會相對提高。因為不太在意結果，所以為他人帶來較少壓力，同時也不會因為過分幫忙而奪走了他人成長的機會。反而由於點到即止，他人也能夠盡力而為，因此除了幫助到他人，自己也無須太費力就能把事情做好，幫了人就可以瀟瀟灑灑地抽身而去。

兩種不同的心

好，回到主題。頭腦因為要配合邏輯思維，往往與心的想法背道而馳。頭腦需要的是對、好、應該，心需要的是舒服、適合。頭腦的決定多數來白於比較，而心的決定多來自於感受。比較來自於過去與將來，但感受是關於當下，因此邏輯雖需要分析，卻因為是以過去來預算將來而未必準確。感受一定是關於這一刻，如果感覺不到心的波動，這感受就能準確告訴我們這刻最適合的答案。當然，下一刻的答案可能會不一樣，因為不同時候、不同情況下，條件會改變，得到的感受也會不同。

我們都聽過不少靈性的教導要我們聽自己的心、做自己喜歡的事，但也會衍生不少問題。吸毒的人也是聽自己的心，但很明顯這不是一條康莊大道啊。有時聽自己會觸礁，被他人說我任性；有時發現他人說的話才是對的，那我又應如何聽自己呢？

對，聽自己的確是一門藝術，因為要考慮是否適用、適時及適量。

首先我們來探討一下聽自己與聽外面的分別。聽外面有很多種，從我的觀察發現，在重視知識的社會裡，我們經常被洗腦要學習聽外面，而非裡面。以下都是聽外面的例子：

- 任何具教育性的東西
- 他人的出品，包括書籍、雜誌、電影、廣播。

• 任何人的意見或想法，包括精神領袖、老師、父母、朋友、同事、群體等。

以上的外來資訊對我們的成長帶來不少幫助，但是若我們只依靠外在資源，就根本沒有給自己一個機會去聽自己。舉個簡單的例子，小時候我跟媽媽感情很好，甚麼事都會向她請教，每天放學回家也會跟她分享，一遇到難題想都不想就問她可以怎樣處理。媽媽每次都會細心地跟我分析，引領我做出適當的選擇。當我要結婚了，我很擔心離開媽媽後失去依靠，失去了重要的生命顧問。剛結婚時很不習慣，但奈何大家不在一起住，總不能常常打電話給媽媽，唯有硬着頭皮自己去解決問題（也因此我開始接觸佛學）。因為這個「危」，讓我有「機」會去學習聽自己，發現自己原來也有處理生命難題的能力。從那時起，我發現外在資源不是不好，只是要適時應用，否則自己原有的能力就會被埋沒了。

分辨內外訊息

現在看看如何分辨哪些是心裡面的訊息。首先讓我們了解一下頭腦跟心。心在這裡是指有感受的心，是直覺的來源。要留意頭腦很聰明，為了生存，會偽裝成心一樣，讓你難分難解。我們參考一下這個圖表：

	心	頭腦
呈現方式	直覺	邏輯思維
時間模式	當下	藉過去投射未來
特徵	非常個人	符合所有人
	只適用於當下	永遠適合
	不一定能解釋	非常理性、有原則、能解釋。
	不能學，靠感覺得來	根據以前經驗累積或學習
	很直接，不用多想，雖然他人未必會認可。	思前想後，是他人認可的標準答案。
感覺	開放	有些封閉或緊繃
	愛與包容	批判

比重	着重過程	着重結果
來源	震動來自心或身體	震動來自頭腦
態度／方針	甚麼適合這一刻 面對需要面對的一切	甚麼是對 逃避恐懼
衡量方式	良心舒服不舒服	應該不應該
背後態度	讓自己成長 為了學習而做的選擇	讓自己停留在舒適區 避免麻煩或出錯而做的選擇
推動力	無比的信任、內在智慧。	使事情保持在控制之中、從外面來的反應方式。
持續性	視乎狀況、時間而改變。	極少改變
做決定後的感覺	有釋放的感覺	擔心結果

基本上，頭腦給我們的訊息透過頭腦的震動，多數來自以前經歷過、讀過、聽過、看過而累積回來的知識，簡單來說就是透過記憶，將外來的資訊傳達給自己的「內在聲音」。只要你細想，頭腦的聲音都屬於外在。頭腦幫助我們停留在安全的地方或可以得到成功的位置，故頭腦做的決定比較全方位，但欠缺感受。

而從心傳遞的訊息是從裡面、以感受的形式呈現。感受會因應內外條件的改變而不斷更新，於是心的訊息有時很難用邏輯分析。跟頭腦剛好相反，心並不能讓我們停留在安全地帶，反而不斷讓我們走到新的地方、往新的空間發展，探索自己的潛能，因此心帶來的往往是有挑戰性、最能啟發我們的答案。心為無悔、成長、信任及愛做決定。

心的感覺有真有假

前面提過，我們的頭腦很聰明，他會用盡全力去保障自己的重要地位，當我們嘗試去聽心的時候，頭腦也會偽裝成心的感受。在面對困難時，我們的情緒習慣為了能夠繼續維持下去，會產生一些情緒，這些情緒常會讓我們懷疑內心深處的直覺，繼而聽從頭腦的分析，使我們好像在聽心的話，內心卻充滿恐懼。記得真心沒有恐懼，只有愛與成長，心會選擇面對，而不是逃避。如果你的決定背後有着逃避、恐懼的感受，往往就是頭腦偽裝成心的感受。如果留意身體的感受，會發現裡面或多或少都有波動。

至於出自真心的選擇雖然也可能讓人覺得害怕，但內心深處知道這是對的選擇，無論最終得到怎樣的結果也好，我們仍知道這個決定能夠釋放束縛、做回自己。如果再深一層分析，你會看到真心的決定背後沒有受恐懼驅使，儘管也可能會有恐懼感，但推動力卻來自成長、愛及包容。正因為愛，真心着重的不是結果，而是過程。當中心裡沒有波動。

感受引導你回到心深處

無論裡面的聲音從哪裡來，都需要用身體感受。要透過很多練習，才能夠分清不同聲音的來源。我們常害怕感受身體，是因為身體的感受實在是太難以預測，甚至會讓我們出醜，使我們做事欠缺應有的態度或原則。在其他的章節裡將講述情緒、感受不是負擔，也不是問題，只是想告訴我們內心的真實感覺，希望幫助我們回到本我。不過我們實在太介意他人如何看待自己，於是選擇去聽他人的話，而不是聽自己。如果你慢慢地感受你的身體，你會發現感覺並不會騙你，是就是，不是就不是。情緒只是反應我們的感受而已。當你懂得解讀情緒背後的訊息，就可以好好地利用情緒。

以前剛跟丈夫約會的時候，我問他：「你今天好嗎？」他往往都會給我同一個答案：「很好。」

「那今天的好跟昨天的好、前天的好有甚麼分別？」

他的答案是：「昨天比前天好。」

有時候這樣問得多了，他就會煩躁地說：「不要再問我感覺了。感覺太浪費時間，只會耽誤我的決定。感覺是沒用的，不要再跟我談感覺！」

幾年後他開始接觸不同的教導，學習感受身體、感受情緒，現在他發現原來感受很重要。前段時間我跟他聊天，我問他：「你記得以前說感覺沒用嗎？那現在的你又有何想法呢？」

「對，以前的我實在是太麻木了，根本感覺不到自己要甚麼，現在好多了。」

「那你覺得『感覺』對你有甚麼好處？」

「我看事情準確了很多。」

「就是不用兜那麼多圈嗎？」

「是的。」

我聽到丈夫的分享，真的很替他感到高興。對，他的確走少了冤枉路，人生方向清晰多了，人也開心了很多。

是時候回到自己了

讀書雖重要，但外在知識會把我們從自己抽離。如果讀書能夠讓我們更懂得如何回到自己，那書本就能幫助我們；但如果外在知識讓我們愈來愈否定自己，那知識就成為我們回歸自己的絆腳石了。

知識沒有好不好，一切視乎你如何使用。無論怎樣，不要忘記回到自己。你是獨一無二的，你的每個感受也是獨一無二，選擇最適用於你每一個當下的就是好答案。讓外在知識與內在感受幫助你回到自己吧！

反思

送給我的一天

我們往往會把時間奉獻給公司、家人、子女、朋友，自己就被遺忘，加上不懂得推卻他人的要求，常把自己弄得很累。如果你覺得我在形容你的話，我邀請你每月或每兩星期找一天，把它視為「我的一天」，這天只做讓你開心的事情，在你的能力範圍內給自己最大的快樂與幸福。

問身體：「你今天想做甚麼呢？」把身體當作自己的朋友。如果你想要獨處的空間，就把子女送到託兒所，或讓爸媽及另一半照顧，自己去想去的地方，像是郊外、海灘等。如果你看中一件衣服，但常常捨不得買，在「我的一天」裡就開開心心地買來獎勵自己這個月辛勞的工作。嘗試放下「應該做甚麼」的念頭，放下各種期望，隨心而行，就算漫無目的也可以。像我很喜歡開車，有時晚上我就獨自開車，沒有特定目的地，只是讓自己隨心選路，開到我覺得想回家了才回去。想吃甚麼就容許自己吃，也可以隨心約你想見的人，做讓你開心的事情不是為了甚麼結果，只為在那刻把心打開。

到晚上臨睡前，回想一下當天如何獎勵自己，像是去了甚麼地方、吃了甚麼東西、買了甚麼、做了甚麼，感謝自己這樣陪自己度過了美好的一天。

第二章

解讀情緒背後的訊息

練習包容不同的情緒

前段時間我帶了一個工作坊，其中一個環節就是學習聆聽我們的情緒，讓它發聲，讓它自然地淡化、離去。不少同學透過練習釋放一些埋藏多年的情緒，無論有否流淚，大部分參加者在做完「聆聽情緒」的練習後都感到十分輕鬆，連臉色也變得光亮些。

在問答環節，有位男同學問：「做完練習後我的確感到輕鬆一些，但是我想問，我們聽完情緒，讓它發聲後又怎樣？我不知道長遠有何幫助。」

「當情緒鬆開了一點，我們就有空間聆聽情緒背後的訊息。因為不受情緒影響，智慧及覺知就能幫助我們回應，不會再意氣用事，這樣我們的選擇會比較接近自己真實的意願。如果做決定時受情緒牽引，我們的行為會受這些情緒指使，而帶着情緒的行為亦會繼續複製同類的情緒，影響他人。當情緒過後，清醒而沒被情緒綁架的你就會開始為之前的行為或選擇後悔。」

情緒有話說

我們從小到大被教導需要具備某些情緒（如愉快、寬容、平安），壓抑某些情緒（如憤怒、妒嫉、憂鬱），漸漸便認定某些情緒是好的，某些是不好的，也會把自己的價值與情緒連在一起，認為有好的情緒代表人比較成功或正常，有不良情緒代表人比較失敗和異常。我們從而學會了一個「事實」——父母、老師只喜歡聽話的好孩子，若做一些他人不喜歡、不認同的事，我們就會受到懲罰、排斥、忽視。

人的本性是想得到愛，這個本性使我們潛移默化地去做一些他人認同的事，就算這行為違背自己的心意。給大家舉個例子：在以前的中國社會，婚姻由父母決定，雖然兒女才是結婚的人，但父母之命卻不能違。特別是一些大家族和皇族，婚姻多為了鞏固家族權利，很少為了一對新人的幸福。因為家境貧困，十多歲的小姑娘要嫁給六十多歲的老人為妾，小姑娘當然不情願，但為了幫助家人脫離困境，她會說服自己並答應。從此她的餘生都要委屈求存，無論丈夫情緒多暴躁、其他太太多刻薄，小姑娘都要把所有委屈吞下去。

於是，小姑娘受不同的情緒折磨，尤其是憤怒、憎恨、悲傷、憂鬱、無奈、無助、委屈等。她的心告訴她，這個情況不可以繼續，但因為她孝心深切，唯有一次又一次告訴自己她沒事、她能熬得過，苦盡甘必來。最後甘沒有來，她也對所有事物麻木了，變得冷酷，對身邊的人不再像以前那樣彬彬有禮，學會以冷漠來保護自己了。

這樣的情況在電視、電影裡看得多，其實在現實生活中，同類悲劇也不斷發生。可能不是被逼嫁入豪門，而是被逼讀某學科、做某工作。可能因為不好意思分手，就算知道跟這人不適合，仍選擇繼續一起，甚至與他／她結婚等。

在這些「心和頭腦打架」的個案中，我們的心不斷透過情緒告訴我們自己的真實意願。比如憤怒告訴我們：「不願意！不要！這樣不行！」悲傷告訴我們：「我失去了他／她，我受傷了。」妒嫉告訴我們：「我也想獲得認同！」憂鬱告訴我們：「我很不舒服，我要休息。」無助告訴我們：「我需要幫助，請救我！」

情緒與感受是靈魂與我們溝通的語言。語言本身沒好壞，視乎我們怎樣運用。如果我們學習解讀、理解，並安撫情緒，我們就能與它們和平共處，使我們在生活上得到幫助及適當的調整，令身心回到健康狀態。但如果我們沒有好好聽清楚情緒給我們的警告，它們就會變成沒教養的孩子，到處生事，直到訊息被接收。

讓身體自癒

身心有自癒的能力，會透過病痛糾正我們的不平衡。當我們把情緒看成一股能量，明白其出發點只為幫助我們得到平衡和健康，就可以練習在安全情況下讓情緒演繹自己，告訴我們背後的感受，以免它在他人面前爆發，害己害人。

情緒是我們的一部分，我們如果不認同情緒，就是不認同自己，這樣一定不會過上舒服的日子。當我們學習到好好聆聽情緒，明白它的訊息時，它就會引導我們找回自己的光華。當我們能夠依照自己真實的需要而行動時，身心就會漸漸調整過來了。

第三章 船長與水手

頭腦與心的合作

我們常希望得到別人的尊重，但你有否想過自己有沒有尊重自己呢？尊重包含聆聽、信任及容許。我們的邏輯思維有否尊重過自己的心呢？《解讀情緒背後的訊息》一章提到「心和頭腦打架」的個案，現在我們再深入了解一下心和頭腦的區別。

我們對於經歷過的、有認知的事物會感到安全，因為它們在自己的控制範圍內，但對於新的、未知的事物會懷有恐懼。聰明的腦袋會盡可能逃避或控制讓自己不安的事發生，故當心引領我們走向成長之路、面對恐懼、為自己的幸福站起來時，邏輯思維就會用盡全力遊說自己要小心，顧及面子、後果、他人的閒言閒語等。但心不會理會他人的想法，注重的是自己的成長、健康與整合。心的出發點跟小我（Ego）維繫個人利益的出發點完全不同，其本質是培養愛、同理心及和諧，就像小孩那樣天真無邪，因為有同理心，看到其他小朋友哭的時候也會一起哭。

邏輯思維往往只懂得藉過去判斷未來，有很多「應該」、「不應該」，甚少考慮心的感受。但試問如果用過去預測未來的話，我們的未來又與過去有甚麼分別呢？未來包含未知，過去又怎能幫助我們自信地面對將來呢？

心是船長，頭腦是水手

儘管心與頭腦很不一樣，但兩者不是敵人，各自有存在的角色及價值。心是我們的船長，設定航行路線，告訴我們甚麼是對的、甚麼是不適合的；而頭腦就是技術熟練的水手，知道甚麼時候進、甚麼時候退，要不要繞圈避開冰山，還是要快速前進衝過風浪。

有些人對於心的感覺很強烈，很清楚知道自己要甚麼，但這樣很容易變得着急和感情用事，時常感到後悔。但有些人剛好相反，事事思前想後，結果甚麼都沒做成。要記得，船長與水手缺一不可，亦不可以互相取代。本書不同章節有不同的練習，目的就是希望讓你學習心與頭腦的分別。心重感受，頭腦較理智；心熱情，頭腦冷靜。如果你往前翻開《聽自己的兩種方式》一章，就能學着好好分析兩者的分別。而練習最終希望能達至這樣的結果：做自己有熱情、有感覺的事，但用頭腦分析那件事是否有助自己及他人的成長、是否適合等。

只要把心與頭腦的角色分清楚，讓它們各自安守本份，它們就是我們人生路上的最佳拍檔！

瑜伽

【瑜伽練習】

這個練習讓你學習如何分析心的波動。沒有波動的心是悅性的（Sattvic），而當我們的心波動時，感覺一般分成兩種：激性（Rajasic）和惰性（Tamasic）。激性的意思是能量往上、快速、激動、不穩定等，惰性則是往下、低沉、緩慢、懶散。佛學說，當我們遇到愉悅與不愉悅的事情時，習慣模式會以貪或憎去應對。遇到喜歡的事（可能對於激性的人來說，他會喜歡刺激的東西；惰性的人就會偏向喜歡深沉的東西）就會產生貪的心，希望得到更多或者維持原狀；遇到不喜歡的事就會產生憎的心，希望停止或改變。心的波動就是對外在事物不斷產生激性與惰性、貪與憎的反應。這時我們需要練習與這些反應共處，讓它們平靜下來，繼而看清自己的需要。

青蛙式 ※

進入動作：先跪在地上，膝蓋與骨盤成一直線，然後把膝蓋最大程度地打開，並把手肘放在地上，約與肩關節同寬，把尾骨往地板微捲，呼氣時把骨盤稍微往腳跟方向移動，直至大腿內側得到伸展。這個伸展比起本書其他動作強烈，而這也是目的之一。眼睛可往下或向前看，肩膀、脖子、髖、大腿及腳踝放鬆。如果膝蓋因壓在地上不舒服，可以在兩邊膝蓋下各放一塊疊好的厚毛巾。

練習時間為十分鐘，若覺得太多的話最少也要維持七分鐘。之後身體往前趴着，休息約三、四分鐘。休息時繼續觀察呼吸及留意身體。

動作裡的練習方式

一直留意肚皮的自然呼吸。吸氣時先感受整個身體容器的感受，呼氣時容許身體放鬆。

隨着時間增長，你會發現身體的感覺愈來愈強烈，這時繼續留意整個身體容器的感受，並在呼氣時容許身體，特別是大腿及髖的肌肉放鬆。當你呼吸到不舒服的感覺時，留意有多少感覺來自身體，有多少來自頭腦的反抗。

當你留意到頭腦的反抗時，感受一下那是貪還是憎的感受。如果是憎的感受，看看心的波動想怎樣改變這強烈的感覺，把呼吸輸送到頭腦感受強烈的地方，並於呼氣時放鬆。如果發現是貪的感受，練習觀察這是甚麼樣的波動，在吸氣把呼吸送到感覺到貪的地方，呼氣時放鬆，好好留意一下貪的能量。其實，觀察貪比憎有難度，因為我們很喜歡貪的感覺，很容易忘記去觀察，同時因為覺得這個狀況沒問題，所以不容易察覺到貪的存在。

※青蛙式

練習的目的是透過兩個強烈對比的感受去觀察心的波動。這並不代表想把波動帶走，而是明白當波動來時，我們可以觀察並嘗試了解波動裡有多少來自貪與憎。這也是情緒背後的訊息。當貪與憎出現時，我們可以先知道有這些能量在支配着自己，再用呼吸來讓這些感受平復過來，當波動漸漸平復，再去看看自己要的是甚麼。這是靠頭腦的智慧來控制自己的習慣反應，並透過撫平情緒了解自己的真正需要，然後就可選擇最適當的方法、最適合的時機去做了。做的時候同樣要觀察行為背後有沒有能量支配着，有的話先停下來，呼吸，等情緒平復，再問自己可以怎樣做。

第四章　自己的玻璃屋

擁抱被遺棄的感覺

記得上一本書跟大家分享了我與丈夫剛結婚時有大概一年磨合期，那個時期最考驗我倆的關係。轉眼之間，我們已在慶祝結婚七週年，想起第一年的磨練，以及隨後六年好像童話般開心快樂的生活，真是點滴在心頭。有了六年幸福快樂的婚姻生活，我以為我倆應該能繼續好好地生活下去，不會遇到甚麼大障礙了。

我一直很喜歡到不同國家教學，常不在港使我很珍惜與丈夫相聚的時間。每次完成海外課程，都有一兩個星期休息時間，每次我都很期待回家與丈夫相聚，說說笑、看看電視。最近他的事業剛起步，籌劃的大型活動快要推出，由於是小型公司，這個月丈夫和另外兩個股東都忙得透不過氣來。

跟以前不一樣，這次我回港後，丈夫每晚要麼很晚才回家，回來時已經凌晨；要麼不斷有應酬；要麼回家後繼續埋頭於電腦世界。我看到他雖然很忙，但很享受這工作，畢竟這是他喜歡的範疇，還是他多年來一直夢寐以求的機會，使他可以確定自我定位、做回自己。我一直支持他做自己，故也替他感到高興。儘管如此，眼看跟他相處的時間愈來愈少，有時感到像我在慫恿他離開自己似的。雖然知道在所難免，但內心總覺得不是味兒。

每天他忙他的，而我就要不斷照顧常常冒出來的情緒。白天還好，我可以專注工作或與朋友見面，可是每晚都很難熬。尤其是他在家的時候，感覺就像人已回家，靈魂卻不在，沒有家的感覺，非常空洞、孤單。

孤單無助的情緒每天湧現，我就這樣與這種感受相伴近一個月。當情緒來襲，我會冥想，感受身體，讓自己好好呼吸，把呼吸帶到身體感到不舒服的部位。冥想後有時會好過些，有時會獨自流淚，挺不好受。晚上丈夫在客廳或在外工作，自己則在瑜伽房或睡房感受心痛的感覺，十分辛苦。

今晚很期待，因為丈夫說今天不是很忙，終於可以回家跟我好好吃飯。我很期待兩個人一起看看電視、聊聊天。晚飯時我問他飯後要不要工作，讓自己先有心理準備，他說只有兩個電郵要看，然後可以陪我看電視。我很開心。最近我有個很喜歡的音樂節目，希望他也可以感受一下。飯後我一邊看音樂節目，一邊興奮地跟他說我對不同歌手的看法，他回應了幾次後說：「好了，我現在要好好專注。」我就知道是時候閉嘴了。好不過癮，唯有希望他快些看完電郵，和我一起看電視。

一個多小時過去了，節目已結束，他還在埋頭苦幹，我心裡很不是味道，也感到自己已開始埋怨他，想把他大罵一場。可這樣只會破壞我們的關係，我亦會受到很大傷害，所以我控制着自己，關掉電視去洗澡，希望洗完澡後他能完成工作。洗完澡，把長頭髮都吹乾了，走出客廳，卻看到他還盯着電腦。我聽到自己在心裡嘀咕：「騙人！又說兩個電郵，根本在看臉書，他不知道我等到花兒也謝了……」我一聲不發，倒一杯水準備回睡房，不斷提醒自己要專注與呼吸，要不然我會控制不了把他大罵一頓。他看到我倒水，很開心地對着我裝鬼臉，讓我氣得說不出話來。我冷眼看了他一眼，心想：你完全投入在自己的世界裡，對身邊的人沒有任何感覺。

被遺棄的感覺投射

我生氣地回到睡房，那份強烈的孤獨感繼續包圍着我，張學友的《這麼近（那麼遠）》在我腦中飄過，心很疼。躺在床上，看着天花板，放空視線，呼吸到緊綳的胸口處。突然一個以前的畫面在我腦海裡出現。那是二〇〇三年的時候，父母希望當時在加拿大的我回港工作，陪伴他們，因為爸爸說我將來結了婚就不會再與家人同住，我便回港了。可是很多個晚上我都獨自在家，父母卻在內地。當時的自己也像那一刻一樣，獨自躺在床上，孤單地傷心着，說：「我回來都沒有人在，要我在這裡幹嘛。」幾年後我才知道，那時父母常因為第三者吵架，媽媽不想讓我擔心，所以他們選擇待在外面，好不被我看到。想起媽媽當時的苦衷，我提醒自己：丈夫也有苦衷，看，不只是因為丈夫你才有被遺棄的感覺，所以這不是他的問題，你要好好處理自己這個被遺棄的感覺。

對，我看到的是我的投射，把這些從小到大一直存在的被遺棄感受投射在丈夫身上。儘管如此，我那一刻就是很生丈夫的氣，情緒已達到不能再與他正常交談的地步。我知道如果繼續想下去情緒會愈來愈差，會控制不了。為了不讓這情緒傷人，我索性睡覺，這樣就不用再看到丈夫的臉，否則我就會生氣。雖是這樣，但心的感覺還是希望他能哄哄我，卻又覺得無奈、委屈、不開心與埋怨。

過了一會兒丈夫回房，我既開心又生氣，開心的是他終於放下工作，但更為他說自己不是很忙卻忙碌至夜深，也不理解我的委屈而生氣。他過來親我一下，問我是否生氣，還在生氣的我立即轉身不理他。他拿我沒辦法，就自己去洗澡，然後關燈躺在我身旁。

雖然很期待與他一起，但經過很多煎熬後，他那疲倦的身體躺在我身旁時，我卻覺得無比痛苦，心想：我們根本沒有交流，躺在旁邊的這個人像是陌生人。我覺得很難呼吸，邏輯思維嘗試告訴自己這只是一個過程，但難受的感覺還是不斷湧現。

輾轉反側一段時間後，我感到自己的心不受控制地關閉。我不能躺在他身邊，只想退回自己的空間。雖然我察覺是自己的想法讓我徹夜難眠、痛苦不堪，但習慣能量實在太強，於是我跟隨自己的情緒半夜起來，拿着枕頭、被子走到隔壁的瑜伽房。在瑜伽房裡攤開瑜伽墊，再鋪上兩三張毛毯，希望可以把「床」弄得舒服些。躺在觀音像前，與觀音細語：「觀音，請讓我知道我有甚麼課題要學習，我願意學習。現在的我很辛苦，很需要祢的支持與幫助。」流了幾滴淚後，感受到瑜伽房裡的療癒能量，慢慢放鬆下來。

認領自己的情緒投射

在半夢半醒之際，我感到觀音展示一個影像，畫面裡我看到今晚與丈夫經歷的一切，我看到自己的習氣和情緒如何折磨我跟他。觀音說：「這是你丈夫的行為，可是那寂寞的感受並不屬於他，那是你的情緒反應。」畫面裡，丈夫自顧自地埋頭於電腦，而我就像被困在一個用反光玻璃製造的玻璃屋裡，雖然能看到外面的事物，但產生的情緒只影響我一人，因為玻璃屋的反光玻璃會把所有我投射的能量反射給自己。

我看到自己一直在玻璃屋裡受被遺棄、沒有安全感的情緒折磨，看到丈夫在忙碌就認為他拋棄了我。而丈夫也被自己的玻璃屋包圍着，在面對生氣的我時會投射為我在懲罰他，他不覺得自己有錯，便認為受到不公平對待，受那不公平的感受折磨。我們各自受自己情緒投射的苦，但其實我們都沒有錯，只因情緒反射，沒有人能夠輕易走出來，畢竟我的確覺得被忽略，而他的確覺得被無理對待。（可以翻開《情緒的循環》那章，說明每個人情緒循環的由來，情緒反應往往看似由外界事物造成，其實是自己的看法有所偏差所致。）

觀音告訴我，每人都要認領自己的情緒投射，不認領的話只會把情緒看作他人的問題，這樣同樣的情緒投射會繼續出現，直到有一天我們看到原來這情緒與他人無關，全是自己錯誤投射所致。當我們能認領自己的情緒投射後，我們開始接受自己用情緒來懲罰自己的這個現實，明白是自己的執念讓自己痛苦不堪，從而停止對外抱怨，並接受及尊重他人的選擇。

我明白了觀音的教導，正想好好休息，卻因為在硬地板上躺了太久，腰很酸，一直睡不着。觀音示意我回到睡房睡覺，這樣我就可以避免傷害與丈夫的感情，我便乖乖地把枕頭、被子拿起來，回到睡房。感謝觀音的教導及關懷，令我感到無比溫暖，那刻我完全原諒了丈夫與我自己。

我明白了原來痛苦與愛只是一念之差。

瑜伽、冥想

【瑜伽練習】

每種情緒都是我們內心的投射，反映我們對事實的理解跟事實本身有出入。當感到難過，我們就要找回自己，擁抱自己，而不要拋棄那個無助的自己。如果連自己都不要那個無助的自己，內心的小孩就會哭得更厲害。用我們想被對待的方式來對待自己，不需要等他人關懷，因為自己是自己生命中最重要的人。

這次我選擇了簡單的陰瑜伽動作，目的是讓我們回到自己的空間，就像小動物受傷時可以先回到自己的窩，好好療傷、休息。

蝴蝶式 ※

進入動作：雙腳並攏，吸氣時脊椎延伸往上，呼氣時容許身體自然彎曲，讓頭部漸漸像斷線木偶般往下垂，無須刻意把身體往下拉。如果頭部下垂讓脖子受壓的話，可稍稍抬頭往前看，繼續讓胸腔往下沉，雙手自然地放在腿上或前方。如身體比較接近地板，可以把手穿過小腿下方。放鬆手腳，自然呼吸。

※ 蝴蝶式

動作中的練習方式

眼睛可以張開，放鬆視線，看着肚皮（可幫助保持清醒）；或者閉上（可幫助往內觀察）。一開始留意肚皮的起伏，呼氣時讓身體放鬆。幾個呼吸後，慢慢感受身體裡不開心、被拋棄、傷心或沉重的部位。不需要想不開心的原因，愈想你只會把那感覺抓得愈緊。情緒會在身體不同部位呈現，只需要感受情緒呈現的地方，把這個感受看成一種能量。

自然吸氣時，把空氣引導到不適的部位，幻想空氣從鼻孔通過喉嚨、肺部，經過透明的管道慢慢到達情緒不適的部位，讓空氣充滿那個充滿情緒能量的地方，同時留意那個能量的形狀、大小、密度、深度、強度、溫度、質感等，放下任何標籤、批判，用好奇及溫柔的態度探索內心的感受，知道自己很安全，可以放心在身體裡探險。當自然呼氣時，容許那部分的細胞、毛孔、纖維放鬆，亦可以在呼氣時送上微笑，代表你對情緒的關愛。一直這樣把呼吸送到那裡，觀察它的變化，放下對練習的任何期望。練習後你可能會舒服些，可能不會，無論結果如何，我們只是想告訴自己：「我知道你不開心，沒關係，這很正常，你沒有問題，我在這裡陪你呼吸。」

這個動作保持五到十分鐘，完成後讓自己躺着放鬆，觀察身體回歸到平衡狀態後的感覺。

【冥想練習】

冥想的練習方式跟上述陰瑜伽方式一樣，只是以坐姿方式去練習，故你可先以蝴蝶式讓身體放鬆，要是覺得需要多些時間讓情緒平復，就可以於瑜伽動作及休息後再冥想。

頭一兩分鐘先留意肚皮或鼻孔呼吸，讓自己的心完全專注，放下任何期待。之後回到身體，感受情緒能量出現的位置，再把呼吸引導到需要的地方，用好奇、開放的態度去感受。留意隨着練習時間增加，最初不適的地方可能會被另一個有着較強烈情緒能量的地方代替，這時把呼吸引導到新的感覺那邊。

把呼吸引導到需要的地方時，會有不同的想法冒出來，像是「事情為甚麼會這樣」，「要如何處理這種不適的感受」等，這時再次回到呼吸，感受自然的呼吸，然後再次留意身體的感受。要明白愈想處理這些感受，就會花愈長時間，讓感受自己決定要待多久，有時冥想一兩次可能不夠，也許要花好幾天，甚至更長時間，一切在乎你有多「不介意」這感受的存在。

有趣的是，你愈不介意，它便離開得愈快，始終它只想得到你的無條件關心而已，就像我們渴望被關心一樣。

建議練習約二十到三十分鐘，不用急，空間是療癒的重要元素。

第五章　情緒的循環

情緒的模式

我有個朋友自從禪修後發現，自己與母親有很多芥蒂，而這些芥蒂是由於以前常受到母親無理的責罵，常覺得委屈引致。但由於她心地善良又聽話，就算遇到不公平對待，無論有多生氣、多想說出來，卻怕被打罵、怕說出來破壞了和諧，而默默把怨氣吞下去。認識她這十多年間，她常被腸胃與上呼吸道感染的疾病纏繞。練習瑜伽及禪修後，這些疾病的出現次數少了，但每次纏繞她的還是這兩種疾病。

有天我們一起去探望她的姐姐及姨甥女，姨甥女因為做了一些頑皮事，她的姐姐就大聲責罵她。看到小孩子因小事被大罵，我們都覺得很無奈，唯有坐在一旁看着。朋友與姨甥女在玩耍時希望教導她玩玩具後把玩具放回原處，姨甥女生氣地把玩具用力丟回原處，之後朋友就用嚴厲的語氣跟姨甥女說不可以這樣。她準備把姨甥女抱起來的時候，姨甥女用力蹬腳，腳不小心撞到桌子，於是姨甥女哭了。朋友感到很抱歉，連忙親了姨甥女的腳一下，但姨甥女還是不停地哭，跑回母親身旁。

離開後朋友跟她姐姐問起姨甥女，姐姐回答：「她很生氣，她說你故意令她撞到桌子，說你暴力對待她。不用理她，最近她就是這樣一直鬧脾氣，很麻煩。」

之後朋友跟我說：「你知道嗎，當我看到姐姐這樣罵姨甥女時，我心裡很難過，這就好像重演以前媽媽如何罵我一樣。記得以前很不忿，現在仍與媽媽有很多芥蒂。但最無奈的是，當我和姨甥女玩的時候，看到她頑皮，我也很想打她，就像以前媽媽打我一樣。我很怕自己重蹈媽媽的覆轍，我也覺得這惡性循環會繼續發生，自己彷彿沒有能力改變。我與丈夫打算生小孩，我不想讓孩子跟我一樣，有着無奈、怨恨的童年。我感到很無奈，不知道怎麼辦。有時我很生自己的氣，甚至憎恨自己。」

我問她究竟是怕自己會罵小孩還是怎樣，她說罵不是一個問題，只要罵的有道理，對事不對人就可以。「我清楚記得以前犯了幾次錯後，無論再發生甚麼問題都會是我的錯，我覺得很無辜，好像坐冤獄一樣。」說到過往，她仍記憶猶新。「聽到姐姐跟她女兒說『總之甚麼事情都與你有關』，那種無奈、委屈的感覺全都回來了。」

藏在身體的怨氣

「以前發生過甚麼事讓你覺得很無辜呢？」我問。

「有次體育課我們要穿球鞋，因為鞋子不舒服，我知道腳會痛，所以穿了兩雙襪子。媽媽看到後，她沒有問原因就罵了我一頓，說我沒用，又脫了一雙襪子才送我回學校。上完體育課後，我的腳就擦傷了。回家後媽媽看到我的腳受傷，又罵我不小心，我覺得很無辜。」

「那時你沒有跟媽媽說為甚麼要穿兩雙襪子嗎？」

「沒有，因為她根本聽不進去，這樣說的話她就會說我在辯駁，再打我一頓。」

剛好那天她的上呼吸道又受到感染，喉嚨痛和咳嗽，我發現了這個有趣的連結，便說：「你問一下你的身體，喉嚨和呼吸道長期生病與這個舊傷口有沒有關係？」

平常重視邏輯思維的她想都沒想就說：「絕對有，因為我的氣不順。」

「那為甚麼你不把心中的想法說出來？」

「我怕說出來後，他人會不喜歡我，離我而去，剩下我一個人。我很害怕會變成這樣。」

我引導她去感受害怕的感覺在身體哪個部位，她說在胃部。我們又發現她胃部長期不適就是因為她把害怕全部都塞在裡面，那胃部當然沒有空間消化食物了。之後我們再探討不同的身體部位和不同的想法，她漸漸覺得舒服了許多，自我厭惡及恐懼的感覺也減少了。

覺察習慣性情緒

與大家分享這個故事，是想讓大家了解，如果沒有覺知的話，我們就會有意無意地重蹈父母的覆轍。縱使我們多麼不希望這些壞習慣影響子女，這份強大的力量還是會操控我們。以下這個圖表（90頁）便能看到這樣的習慣性能量。

我的朋友習慣性地感到委屈、被冤枉、被施壓，令她抱着無奈、生氣及怨恨的態度對待他人。表面看來這位朋友跟媽媽、姊姊、姨甥女三個不同的人相處，經歷三件不同的事，但當中的體驗與對外的態度都相同。

如果我們沒有看到這個循環，便會覺得是他人的問題，但其實當你深入探索，就會發現原來不是他人的問題，而是自己需要處理的情緒。

沒有受覺知訓練的人很難意識到自己的情緒循環，例如朋友的姐姐和母親，在遇事時自然會覺得是他人的錯，從而使自己的行為一直強化固有的習慣性情緒，也會把情緒及習氣帶給下一代。整

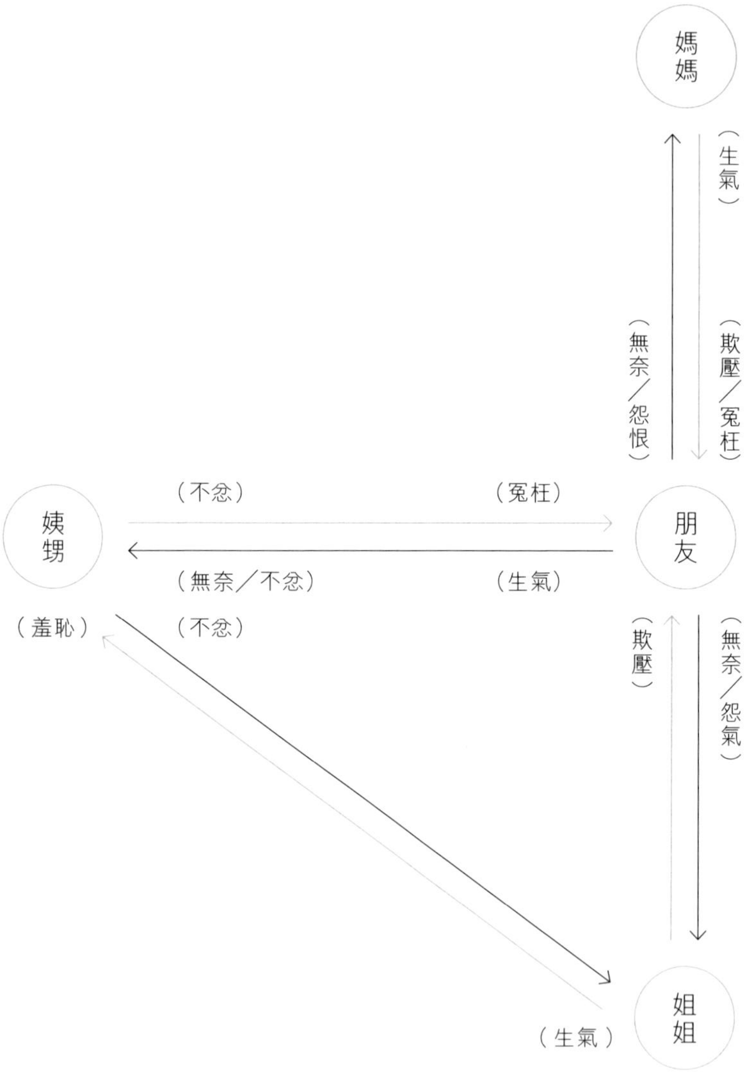
媽媽
（生氣）
（無奈／怨恨）
（欺壓／冤枉）
（不忿）
（冤枉）
姨甥
朋友
（無奈／不忿）
（生氣）
（羞恥）
（不忿）
（欺壓）
（無奈／怨氣）
（生氣）
姐姐

個模式是這樣的：

母親容易感到被忽略，覺得自己渺小，多年來很少有甚麼要求，但由於一直累積被忽略的感覺，便會透過嘮叨甚至發脾氣的方式讓人聽到心底的需要。當母親這樣表達的時候，作為女兒因無故被罵而覺得委屈。同類情況反覆發生，女兒漸漸就會把耳朵關上，不去聽母親的嘮叨，但若果母親還窮追不捨，女兒也會開始生氣。當女兒發脾氣的時候，母親感到連女兒也不聽她的話，就更覺得渺小、不被接納，相對也會更加嘮叨，不斷持續這個惡性循環。

女兒不知道母親不是為了打壓她而責罵她，認為這是母親的問題。但她慢慢發現，在工作上及與他人的關係上，如果感到自己受了不公平對待，她也會非常生氣和委屈。當女兒明白原來一切來自於自己的情緒投射後，再面對委屈的感受時，她便會學習與這樣的感受共處。當委屈的感受淡去，她就能夠意識到對方行為的出發點，發現對方原來不是要攻擊她。當她了解到對方也是自己情緒的受害者時，也就更能接納對方。後來，我的朋友漸漸從自己的情緒循環中釋放出來了。

反思

查看自己的情緒循環

頭腦的認知與發自心的領悟截然不同。現在就做個練習，來了解自己的情緒循環吧。

一、準備一張A4白紙，橫放在面前，把你的名字寫在白紙正中央。

二、想一個最近與你有摩擦的人（第一個在

你腦中浮現的人就是了）。把那個人的名字寫在你的名字上方，再畫兩個不同顏色的箭頭，一個指向你，一個指向他／她。

三、想想與那人有摩擦的事件，回想一下出現摩擦的那刻自己的身體有怎樣的感受。記住，感受是指自己的體驗，而不是他人「應該」怎樣。感受沒有應不應該，如果你的感受是覺得自己或他人應該如何就不是真正的感受，而是念頭、概念。分清楚後，嘗試感受一下那人的行為讓你有甚麼感受。如果你覺得對方無理取鬧，帶給你的感覺是委屈、不被了解，你就把這些感受寫在指向你的箭頭那邊。

四、想想在這個情況下，你會用甚麼態度對待那人？可以幻想一下，如果你是他／她，會看到你用甚麼態度來對待自己呢？留意這是

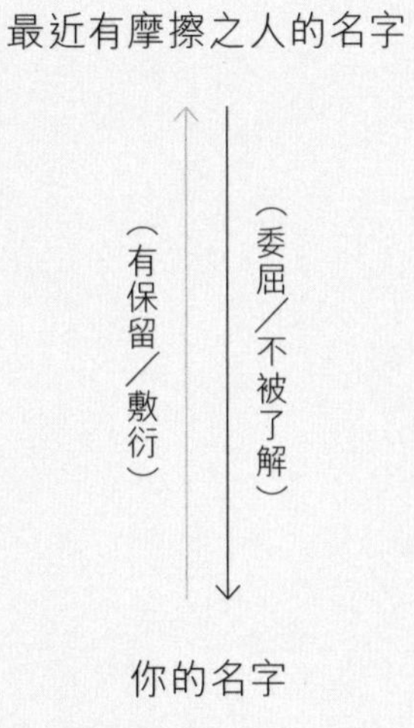

指你行為背後的推動力，比如當你覺得對方無理取鬧，內心委屈，之後你對待他／她的態度便有所保留及敷衍，那就把這些態度用跟箭頭同一個顏色的筆，寫在指向那人的箭頭那邊。

五、回想一件以前讓你很不開心，現在想起來仍會隱隱作痛的事，並把引致這件事的人的名字寫在你的名字右邊，並同樣畫兩個箭頭，一個指向你，另一個顏色不同的箭頭指向對方。之後同步驟一至四，回想那件不開心的事，看看對方給你留下了怎樣的感受，你又給對方留下了怎樣的態度。留意這是關於現在的你想起她／他的感受，可能會跟當時有出入，仍要誠實面對。我有個學生在做練習時表示他現在一點也不生氣了，他覺得不值得為那個人生氣，但那位學生說話的口吻仍非常惱怒，而且如果真的不再生氣，根本不會這樣表達。只是因為他認為事情已經過去，沒發現其實生氣的感覺一直都在。

六、之後想想在你人生中帶來最大挑戰的那個人。你可以把這個人想像成打電動的大魔王，如果你想知道自己的修行有多好，就跟這個魔王相處一會兒，便能知道修得如何（通常會發現原來一點進步都沒有）。把這位「大魔王」的名字寫在你的名字下方，同樣畫上兩個箭頭。跟之前一樣，寫下這位「大魔王」讓你產生怎樣的感受，也寫下你對這人的態度。

七、最後，在你的名字左邊寫下隨便哪個讓你覺得不舒服的人，不用想太多，第一個在腦海裡浮現的人就是了，把他／她的名字寫在左邊。同上，畫箭頭、寫感受。

八、完成後，看看自己的感受與態度是否有相似之處？或者你會發現，這些感受可能有些出入，但大多都是同類型的感受。再想想這些感受跟隨你多久了？這些感受是因為對方而產生，還是因為你自己？

是時候為自己的感覺負責任了。你可以翻到《照顧我們的情緒感冒》一章的練習，去學習如何照顧習慣性情緒，同時放下對自己的批判，容許這樣的感受出現。有這些感受不是問題，也不是你的錯。知道自己其實受傷了，讓傷口露出來，才能慢慢好起來。可能會再發炎，但只要悉心照料，傷口一定能痊癒。你也可以學習與傷口共處，知道這並不是拖累，只是記錄了一段歷史而已。

二、

——面對黑暗

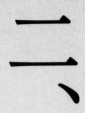

可怕的黑暗。

成長的機會。

第六章 照顧我們的情緒感冒

包容情緒

身體會因免疫力不足而染上感冒，但其實能量體或情緒體亦會患上情緒感冒。舉個例子，有天你事事順利，正準備回家與另一半分享喜悅的心情，可當你一打開門，看到另一半愁容滿臉，就知道他今天不好受。一進家門就聽到他在嘮叨、嘆氣，雖然你很想為他分憂，但愈嘗試勸喻，他的心情就愈暴躁。不知不覺間，你未進門前的輕鬆感受已經消失得無影無蹤，隨之而來的是一股沉重的感覺。此時，你已經被他的情緒感冒傳染了。

每逢流感高峰期，大家都會做好預防措施，以免患上感冒。可是，住在人口那麼密集的城市裡，細菌病毒容易傳播，有時難免受到感染。特別是家裡有小孩、老人家，需要經常乘坐公共交通工具，或者在診所或醫院工作的人。

情緒感冒也一樣。不同的國家、城市、機構，甚至家庭，都有自己的群體能量。若一個群組因某事感到高興，那整個群體能量都會比較輕快。但若一個群組受政治、經濟或天然災害影響，那群體能量就會變成比較低沉、憂慮，甚至激憤。無論那群組的能量是好是壞，若沒有覺知的話，就很容易受他人的能量影響，包括朋友、同事，甚至陌生人。

就好像二〇一六年美國選新總統、峇里島附近有火山爆發、香港市民不滿行政長官的政策、在新年時旺角發生警民衝突、福島再次發生地震、不少青少年選擇自殺……當那麼多負面事情發生，大家的心情很容易掉進恐懼和憂慮中。在這種負面氣氛下，就算自己當天的感受並不低沉，也很容易被這「流感高峰期」影響自己的情緒穩定。

患上感冒的時候，如果不好好休息、繼續拼命幹活，你會發現感冒很難痊癒。懂得照顧自己的人這時會把工作擱在一邊，減少應酬、留意飲食、多休息。我們雖然懂得處理身體層面上的感冒，但患上情緒感冒時，我們卻更加拼命「幹活」——嘗試用邏輯思維告訴自己不用不開心；嘗試聽音樂、看電影、購物；嘗試狠狠地做運動，但求出一身汗、忘記痛楚；嘗試埋頭工作；嘗試把自己關在房間，不吃、不外出、不睡覺，在家喝酒，甚至吸毒……我們透過不同方式分散注意力，希望可以忘記過去，把感受「更新」。這樣做可能一時半刻有幫助，但始終無法更改潛意識的記憶。

情緒就像蜘蛛網，小蟲掉進網後，愈掙扎，就愈被纏得緊。

讓情緒穿過

面對不愉悅的事物，我們的自然反應是壓抑、逃避、遠離或攻擊。但當你細心留意這些反應，它們背後都有着一股共通能量——抗拒的心。反抗賦予事物存在的力量，你愈抵抗，事物的反彈就愈大。與其跟這些負能量對抗，正念練習教導我們放下防備之心，讓這些情緒或能量穿透我們，就像把自己變成透明的一般，讓情緒穿過。正念的眼睛告訴我們，這些負能量並不是我們的敵人，如懂得利用，它們可以是我們的朋友、老師。所有情緒都是不同的能量，能量就只是能量而已。

可以這樣想：風吹過一塊很大的廣告牌。廣告牌愈大，承受的風力就愈大。如果廣告牌沒有透氣孔，當風力大於廣告牌的承受力，廣告牌就會被吹倒。要想廣告牌屹立不倒，就必須在廣告牌上開一些透氣孔，讓風通過。

把風看成我們的情緒或能量，無論來自外界或自身，我們都需要讓它穿過，而不是與它對抗。否則，風力小的話的確沒問題，但這絕對不能讓你抵禦像颱風一樣的情緒風暴啊。

以平常心看待情緒

其實能量從哪裡來並不重要，因為我們處理的手法都一樣。當我們好好認識情緒或能量的存在，知道它們的真面目，讓它們發聲，聆聽它們，它們慢慢就會像風一樣慢下來，繼而散去。

如果你是一個有技巧的正念練習者，你會看到那些情緒只不過是風掠過而已。情緒本身沒有與誰為敵，尤其當他人的能量或情緒穿過的時候。可當我們批判自己的情緒，批判的能量就會堵塞廣告牌的透氣孔，批判愈多，你會發現你愈要與外來的風對抗。當我們容許這些能量通過時，身心也會變得健康了。

遇上「流感高峰期」，我們更要保持自己的定力，了解到他人容易情緒起伏乃「流感高峰期」的徵兆，讓他人做他們要做的事，自己則安份守己，讓負面情緒穿過。當我們不去批判他人時，也就不會招惹他人的情緒，從而患上情緒感冒了。

冥想

【冥想練習】

找一個地方安靜地坐着，脊椎保持挺直，雙手可舒服地放在大腿或雙腳上。留意鼻孔前呼吸的感受，讓呼吸自然，觀察每次吸氣與呼氣。吸氣的時候感受整個身體，呼氣時讓身體放鬆。練習幾分鐘。

當你的心開始穩定下來時，你可以邀請那困擾你的情緒出來。繼續留意你的呼吸，觀察身體哪個地方最能感受到那情緒能量的存在。當你感受到情緒所在時，把手放在那個部位，將呼吸引導到那個地方，好好感受那緊繃或壓抑的感覺。呼氣時讓身體放鬆些。

當你的呼吸到達身體上的情緒積聚點時，以開放的態度迎接這情緒，容許情緒去表達自己。幻想你是情緒的好朋友，正坐在它旁邊，把所有批判擱在一旁，細心聆聽它要說些甚麼。

繼續保持呼吸，把呼吸送到不舒服的位置，提供空間讓情緒能量自然轉變。如果情緒需要多些時間就給它時間。你愈容許情緒有它的空間，療癒的效果就愈好。

當情緒慢慢安靜下來，取而代之是一份安祥時，你可以再次回到觀察鼻孔前的自然呼吸。吸氣時感受身體的感覺，呼氣時讓身體自然放鬆。這樣觀察幾分鐘，然後慢慢張開眼睛，伸展一下身體。

已離開的情緒，就讓它離開，多把重點放在當下這一刻吧。

記住這是一個練習，而非要達到的終點。保持開放的態度，放下期望，給自己很多很多的耐性與包容。療癒的力量來自於愛與包容，而非練習本身。

第七章　身體反映思想

與身體溝通

前幾天與一位能夠看到身體磁場及能量的朋友吃飯。她看到我便說：「你的腸胃不好嗎？」我告訴她，我從小到大腸胃都不太好，試了不少方法，如中醫、印度醫學、食療、吃素、水晶治療、能量治療、吃營養補充品等，都不能夠把消化系統調理好，我也沒法子，只好接受這個狀況，盡量避免令身體不適的食物。

但她的問題讓我再次問自己，還有甚麼沒試過的方法嗎？

我放鬆身體，感受我的腸臟，問它為甚麼排便困難。腸臟說：「因為你太在意以前的好，不肯讓過去離開，一直與現在比較，所以我也抓住食物，不放出來。」

原來當我一直緬懷以前的好，或者用現在跟以前比較的話，在能量上就抓住了以前的營養，哪怕它已經變質，繼續留着也會變成毒素，造成傷害。原來再好的東西都需要放下，不放下就沒有新的空間容納新的營養。原來抓住以前是對自己的毒害。原來看似身體的不適，實際上是來自於潛意識的習氣。

身體反映思想

之後我虛心地問腸胃：「為甚麼你們不吸收食物的營養啊？」

「因為你從來沒有真正學習接受。你吃東西時會評價食物煮得好不好吃。對，你吃得很專注，但是你並沒有以接受的態度進食，反而以批評的態度去吃，所以我們就聽你的，以批評的態度看待食物，當然不會吸收了。」

我再反思，因為我懂得烹飪，加上對所有事情要求高，所以習氣就是事事全力以赴，看到不夠好的就要改進。漸漸變成在吃飯時也會想如何烹飪會好一些，而不是享受或接受眼前的食物。同樣，在生活上，從小我被教導要獨立，以自力更生而自豪，但也因此我很少接受別人的恩惠，把接受恩惠、打擾他人視為示弱的表現。

我驚訝地發現，就算真的接受他人的恩惠，自己也很少以純真、感恩的心去接受。如果是來自外人的恩惠，我會覺得不好意思，或暗地裡批評他們做的還不如我；如果是來自親人的恩惠，我會覺得是應該的。

根據印度傳統醫學阿育吠陀的理論，念頭屬風，當我吃東西時一直在思考如何改良菜式，變相吃了很多風進肚子裡。怪不得腸胃常有風、脹氣，不能消化吸收。

原來心裡面想甚麼，身體就會呈現甚麼。感謝腸胃給我的智慧，讓我看到自己的盲點，從而做了以下調整。

練習放下

首先我回顧過去留戀的是甚麼，包括事業、感情、家庭，把它們一一寫下來。之後我在每次坐禪練習時回想起上述的事件，容許自己對那些事件的感覺走出來，透過呼吸好好聆聽它們的聲音、感受它們的能量，同時觀察自己執着背後的渴望究竟是甚麼。

我發覺很多執着都離不開害怕自己不能再創高峰，害怕因為做不好就不被愛、不被欣賞，害怕自己做得不夠。原來我心裡最多的是害怕。堅強的背後是希望避免孤獨和被遺棄的感受。就是因為想繼續做好，所以身體也會收到訊息，做好準備，與我一起打仗，故身體不少部位，如肩膀及腸胃，也為了保持緊急狀態而不懂得放鬆。

當心不放鬆，身體也不會放鬆，難怪我沒有空間接收新事物。因為我握着拳，並沒有打開手掌。

練習接受

我把過去抓得很緊，其實是我並不相信自己有足夠能力面對新的困難，我選擇不相信自己多年修煉得來的智慧。我知道現在是時候練習相信自己了，如果我教學生相信自己，那現在就是證明相信自己不是紙上談兵了。

無條件去接受自己有害怕的感受，繼續面對眼前的一切時，路上明燈就亮起來了。

與身體溝通

每天用餐前我會默念這一段感恩詞：

眼前的食物來自天地以及眾生努力的成果。

願我常懷感恩地進食，不迷失於過去或未來。

願我給自己灌溉愛，給自己空間，原諒自己。

感謝食物給我力量，我會好好接受你的好意。

有趣的是，當我懷着接受恩典的心去享受食物時，我能夠感受到腸胃的細胞打開了。這是一種很幸福的感受。但如果我吃飯時與他人談話、看手機、看電視時，我那感恩及接受的能量就會變為緊張、收緊的狀態，與我為食物恩典而希望打開身心的想法剛好背道而馳。因此，我開始改變，在吃每一口飯時都帶有感恩的心。不到一天，我已經感到腸胃開心了很多，脹氣或痛楚也相對減少了。

身體反映頭腦是真的。我們身體每個部位都反映了我們的思維和能量。如果你希望保持身體健康，就絕對不能輕視自己的每個念頭。

第八章

恐懼的限制和釋放

明白恐懼

有一天，我如常到我家附近的後山散步，當快要走完一圈時，看到遠處有隻黑色的動物。我還以為是一頭牛，覺得很好奇，可當我停下來，仔細看看，才發現那並不是一頭牛，而是一隻豬。我想起以前有人在這一帶目睹野豬出沒。這隻野豬身形龐大，雖然我們之間相隔大約十米，但我可以猜出牠大概到我大腿高度。我倆眼神接觸，我猶豫應該往前還是後退，可當我看到牠想過來，我便慢慢後退，直到看不到牠時扭頭就跑，跑了三十分鐘才到家。我一邊跑，一邊往後看，害怕牠追上來，也擔心前面會不會還有野豬。那條山路我走了八年多，但那天三十分鐘的路程感覺是最長的一段路。

幾天後，丈夫與好友到後山散步，他們也遇到了野豬及五隻小豬。丈夫隔着鐵絲網看着牠們，發現牠們只想索取食物，並沒有惡意，但他仍然選擇改道走。後來丈夫和我好幾次都選擇改道以避開野豬。有次我們遇到一位每天都在山上跑來跑去的大叔，與他閒聊時講起野豬的事，他卻說：「其實牠們很友善，完全不兇。除非野豬媽媽帶了孩子，那她就會比較有戒心，否則牠們很友善。」

那位大叔的話讓我想起有次聽到一位薩滿（Shaman）的分享。她說小時候常獨自到森林玩，甚至在森林待好多天。有一年冬天她待在森林時，覺得一個人睡太冷，所以想與森林裡的麋鹿們一起睡。可當她走近麋鹿們時，看起來非常高大、還有大大的角的雄鹿走過來，把當時個子小的她嚇得大叫一聲，扭頭就跑。逃離現場後她跟自己說不可以跑，要不然她就不能好好睡覺了，於是她再次回到麋鹿們的棲身之所。這次當雄鹿走近，雖然她仍然很怕，卻站着不動。雄鹿用鼻子聞聞她的頭，牠每一次呼吸的水氣都噴在她臉上。她看到雄鹿聞她的時候前腿提起了一半，也就是隨時準備攻擊，她怕得整個人在發抖，快嚇得尿出來了。但她仍不斷提醒自己呼吸，避免與雄鹿有眼神接觸。過了一會兒，她感到雄鹿開始降低戒備，眼神從帶着敵意開始變得緩和，之後雄鹿便走開了。這時女孩終於鬆了一口氣，她知道雄鹿已經接受她了，只要她保持緩慢的行動，麋鹿們也不會理會她。她那天便與麋鹿們待在一起，晚上睡在小鹿們中間，而小鹿們被雌鹿包圍着，雄鹿在最外圍守護着，她得以溫暖地安睡了。

除了薩滿分享的故事外，透過我養的五隻貓，我也學習到動物世界的互動，並開始明白其他物種的語言和感受。有次到新西蘭旅行，我看到大黃蜂在我身邊飛。因為有被蜜蜂螫的經驗，使我一看到蜜蜂便避之則吉。但那次不知怎地我感受到這蜜蜂對我的好奇，我感覺到牠的來意，所以沒有半點害怕，反而很開心地歡迎牠。牠徘徊在我的頭、肩、手，還停在我的手中，我感到牠的快樂，牠快樂的能量也感染了我，然後牠就徐徐飛走了。

恐懼帶來的限制

這些體驗讓我發現，人類對於大自然有不少誤解。像是透過遇到野豬一事，我留意到幾個有趣的心態：

- 看到野豬時我的本能反應是繼續往前走，牠沒有敵意，但因為從小受的教育告訴我野豬一定會攻擊人類，所以我「學會了」往後退。
- 因為這個「驚嚇」的體驗，我開始擔心走同一條路，怕再遇到野豬，就算之後沒遇到野豬，心中的陰影還是會嚇自己。

• 我看到恐懼限制了我對散步路線的選擇，也影響了我享受大自然的心靈空間。

• 野豬明明沒有再出現，但自己繞道或戰戰兢兢地走的行為卻與看到野豬時沒有分別。

如果現實是中立、沒有預先設定的定義的話，我們的看法就為事實設定了特定的意思。從野豬一事就能看到，心理障礙與事實可以截然不同，我們的恐懼就像很真實的假象。在山上遇到的大叔及薩滿的分享讓我發現，因為看法不同，不同人看到動物時會有不同的體驗，我的恐懼體驗不等於就是唯一一個可能。

我很感謝這隻野豬讓我看到自己的恐懼，以及自己如何受恐懼限制。如果放下他人告訴我有關野豬的「事實」，聽從自己的直覺的話，直覺告訴我大自然的動物除非把我看成是獵物或感到害怕，否則很少會無緣無故攻擊我，畢竟攻擊對方時自己也需要費力，也會有受傷的可能。我希望面對及明白自己從教育而得來的誤解與恐懼，不希望因為一次驚嚇的體驗一直停留在恐懼中。我決定去後山散步時不再繞道，如果遇到野豬再看看應該怎樣做吧。

當我往山上走時，我發現自己一直幻想野豬會出現，這個恐懼的念頭不斷叫我繞道走。我看清它是我製造的幻想，於是保持呼吸，繼續往前走。差不多走了九成的路，我知道快接近野豬出沒的地方，心裡戰戰兢兢，保持呼吸，感受着我的身體，繼續走。

快走完時有位老伯伯迎面走來，大家打聲招呼，他說了一句：「有小野豬啊。」之後我就知道野豬媽媽也會在旁（上次我遇到的應該是野豬爸爸）！我感到整個身體的毛孔開始收縮，但我想：「既然這老伯看到了，還那麼放鬆的告訴我，證明野豬不危險，要不然這老伯就已經被攻擊了！」所以我繼續走（雖然真的很怕），果然不足五秒我就看到五隻小野豬（大概有中型狗的大小）在我面前，我看不到野豬媽媽（也不敢四處看），但我肯定牠看到我，也在我附近！我看着面前這五隻小豬，牠們第一個反應是走開，我就知道牠們怕我，於是我繼續保持速度，這時牠們離我只有兩米，我保持呼吸繼續走，牠們讓開一條路給我，我就這樣經過牠們了。

一走出來，我整個人鬆了一口氣。當時實在很害怕，特別是只有我一個人，但我發現原來事實可以跟概念有那麼大差異。我不可以說現在我能與野豬同眠，也不可以說我不會再害怕，可我卻得到很寶貴的體驗：有時我們的恐懼是沒有根據的，但這足以癱瘓我們的生活。

感受恐懼能量

野豬一事讓我深刻反思自己生活的不同範疇。最近丈夫與我打算生孩子，於是這幾個月我們不斷嘗試，同時我因為這個新的體驗勾起了很多「情緒流感」。有天早上我醒來，對懷孕感到莫名的恐懼與擔憂，之後我走到瑜伽房，坐下來，閉上眼睛，希望好好了解這份恐懼，並學習與它共處。

當我一坐下，就感受到一股巨大的恐懼能量包圍着我。我留意自己的呼吸，感受這個恐懼能量的細節，比如在身體哪裡感受到這份恐懼，是怎樣的感受，毫無壓抑地讓自己每個毛孔去感受這份恐懼。我看到自己擔心幾件事：

- 我擔心要是懷孕的話，初步計算的預產期會與師資課程有衝突，這樣我就會給瑜伽館增加負擔。因為到我能夠確認自己成功懷孕時，他們應該已經開始廣告宣傳、公開招生了，我害怕他人會覺得我故意作弄他們。
- 我擔心他們覺得我麻煩的話，就會離我而去。（這是源於我怕被遺棄的習氣）
- 我擔心如果課程要改期的話，學生會受影響，繼而對我不滿。（也是源於怕被遺棄的習氣）

當我繼續觀察和呼吸這份恐懼的感覺時，它開始安靜下來，我得到一個訊息：你能為這恐懼感恩嗎？事實本身沒有定義，可以看看這恐懼想給你甚麼課題。你放了甚麼念頭在這事件裡，讓你產生不安的反應？

當我用這個角度去看恐懼時，我真的有種感恩的感覺，我感謝它讓我看到自己這些有限制性的念頭。嘗試看看恐懼給我的課題時，我發現是因為我有「如果我不守信用，沒有如期教授課程，他人就不會再給我機會」的念頭，這個聲音給了我這樣的感受：你對自己太嚴格，不容許自己有失。

他人不會離你而去，他們反而會替你高興。

這個潛在的孩子讓我看到我對自己苛刻的想法如何綑綁自己。恐懼不是他人給自己的，而是自己給自己的。

與大家分享恐懼的目的並不是希望大家去接近野豬或去生孩子，只想透過這些分享讓大家反思一下自己的恐懼，看看恐懼究竟如何控制、綑綁了你的生命。

要超越恐懼，我們必須有覺知地察覺它，看到恐懼如何讓我們脫離現實，然後就可以藉體驗來打破恐懼的念頭。

【反思練習】

反思、瑜伽、冥想

當你多留意自己的感受，生命中不同的事件都可以讓你更深入了解自己，回到自己的本我，也就是最自然的狀態，放下不屬於自己的東西。這個練習便能幫助你了解自己、跨越情緒障礙，甚至找到解決事情的智慧。

一、當面對恐懼時，留意自己會怎樣處理。是透過吃喝玩樂麻醉自己？還是做其他事情讓自己分心？叫自己不要再想？用邏輯跟自己討論？觀察自己嘗試用甚麼方式逃避恐懼。

二、可以的話，先離開讓自己感到恐懼的地方或事物，在一個感到安全的地方坐下來，留意自己的自然呼吸，在呼氣時放鬆身體。

三、感受一下恐懼的感覺，恐懼來時我們的身體會感到恐懼，我希望你在這裡感受這個恐懼的身體，把呼吸輸送到不舒服的部位，但放下任何對練習結果的期待，只一心一意把呼吸帶到恐懼的部位就是了。

四、深呼吸三到五次，呼氣時呼出不需要的能量。

五、當恐懼感變小之後，問自己：「事實並沒有既定意義，究竟自己持着怎樣的信念，讓你產生這樣不安的反應？你有否容許自己做回自己呢？這恐懼希望教給你甚麼課題，讓你可以成為更光、更亮的自己？」

六、如果有答案的話，這答案往往很合理、很簡單，卻讓你感到震撼或感觸。要是有的話，容許自己接受這個答案，重新調整你的信念。如果答案是你已經知道、是維護他人而傷害自己的話，那多數是你的邏輯思維嘗試給你已知的答案，這並不準確，那你就放下，當作沒答案吧。沒有一個答案也不要緊，有時候答案會在你不在意的時候跑出來。答案可以是一句話，可以是一個感覺、一個畫面，甚至純粹知道了，不要用邏輯思維來規限你可能得到答案的方式。得到答案的話，記得要實行；如果還未找到答案，容許自己有恐懼的感受，好好傾聽感受背後的訊息。

【瑜伽練習】

當感到恐懼時，身體的自然反應是離開恐懼源或縮起來以保護自己。可當遇到生命難題而感到恐懼時，我們無法離開，這時候我會容許自己「縮小」，讓縮小的姿勢安撫自己的心靈。

孩童式 ※

先跪在地上，雙腿可打開成V字，之後慢慢把上身趴在大腿上，額頭放地上，雙手可往

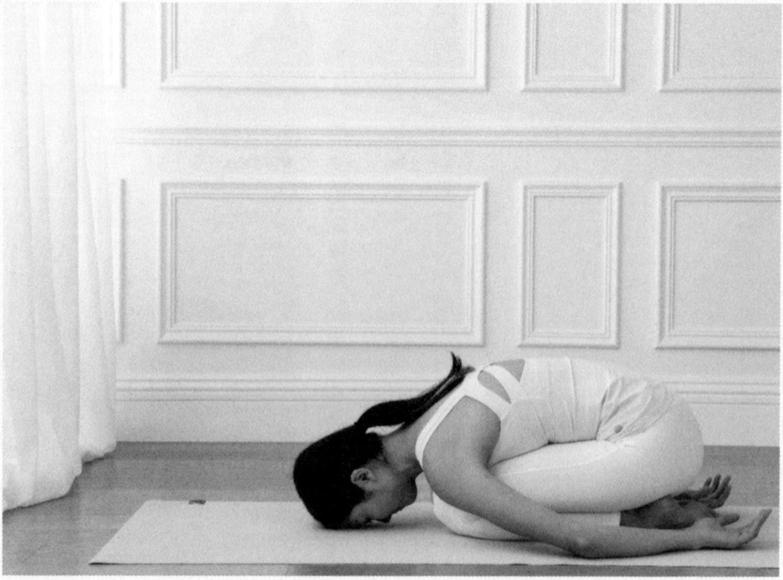

※ 孩童式

前放或舒服地放在身旁。讓脖子、肩膀、手臂、雙腿放鬆，呼氣時慢慢讓臀部往腳跟方向沉下去。這是一個舒服、自然、被動的動作，如果鼻子被壓住了，可考慮在額頭下方放一個瑜伽磚或小枕頭。

維持動作約四到五分鐘，完成後可以慢慢躺在地上，感受一下身體再次打開的感覺。繼續留意肚皮的自然呼吸，感受身體如何幫你調整，呼氣時容許自己放鬆。休息一會就可以慢慢坐起來，進入下一個動作。

靠牆抬腿 ※

找一面牆壁，先側身靠牆坐，之後躺下，盡量讓骨盤靠近牆壁，雙腿抬高靠在牆壁上。如果感到大腿後側緊繃或者骨盤離地的話，可以稍為把骨盤移離牆壁一些。彎曲雙腿，雙腳踩在牆壁上，骨盤略為抬高離地，然後把一個瑜伽磚（最低的高度）放在骨盤下（也就是在腰以下、感到一塊比較平的骨頭的位置）。待身體穩定後慢慢放鬆骨盤，讓腿、臀部被瑜伽磚承托着。雙腿再次往上延伸，同時讓雙腿保持自然放鬆的狀態。雙手放在身旁成A字型，或往兩邊成T字型，或伸直放在頭旁邊成Y或I字型，或手肘微曲成O字型都可以。

動作裡的練習方式

留意肚皮的自然呼吸，吸氣時感覺身體容器和皮膚，呼氣時讓整個身體放鬆往下沉，好

※ 靠牆抬腿

好享受被大地母親承托着、支持着的感覺，放下其他念頭。這是一個非常舒緩的動作，能幫助你放鬆心情，同時幫助你入眠，可以在睡前練習。建議動作維持約五到十分鐘。

如果你有頭痛，在生理期或懷孕，也可以做這動作，不過要把骨盤下的瑜伽磚移走。有高血壓的朋友可考慮不靠在牆壁上，只用一兩個枕頭把腿抬高也可以。如果覺得做起來有壓力，建議避免這動作。

動作完成後，先彎曲雙腿，提高骨盤，把瑜伽磚移走，再把骨盤放在地上（這時仍維持抬腿動作，只是移走瑜伽磚），稍微休息一分鐘。然後慢慢彎曲雙腿，把身體轉到左側休息，可以左手臂或右手當枕頭，雙腿伸直放在地板上，感受血液慢慢流到雙腿。這時可能有麻麻、刺刺的感覺，是正常的。在左側休息幾分鐘後，可以慢慢坐起來，準備冥想練習。

【冥想練習】

這個練習跟《自己的玻璃屋》一章極為相似，只是我們這次以接觸身體感受來觀察恐懼的情緒。不同的情緒會反映在身體不同部位，當你去感受身體時，也可以用一個開放的態度去認識你的情緒。

找到坐姿後，閉上眼睛。先用一兩分鐘感受肚皮或鼻孔呼吸自然通過的感受，在呼氣時放鬆身體，放下念頭及期望。然後把覺知打開到整個身體，留意身體容器這一刻盛載着甚麼。

吸氣時留意身體的感覺，呼氣時放鬆身體，容許這些感覺存在，放下對這些感覺的標籤及評價，把它們看成體內的不同感覺或能量就可以了。

之後感受一下身體哪個地方對恐懼的感受最強烈。可能在頭部、胸口、肩膀、脖子，或者其他部位，不用想得太多，相信你的直覺。

把手放在你感受到的身體部位。留意呼吸，這樣你就能夠安然地探索這個叫做恐懼的能量。自然吸氣時，把空氣引導到不適的部位，幻想空氣從鼻孔經過喉嚨、肺部，通過透明的管道慢慢到達感到不適的部位，讓空氣充滿那個地方。留意那個能量的形狀、大小、密度、深度、強度、溫度、質感等，放下任何標籤、批判，用好奇及溫柔的態度探索內心的感受，就好像你在身體裡探險一樣，知道自己是安全的。記得這只是一種感覺，它並不等於你。

當自然呼氣時，容許那部分的細胞、毛孔、纖維放鬆。這樣呼吸約五到十分鐘，可以的話在呼氣時送上微笑，代表你對身體的關愛。一直這樣把呼吸送到這個情緒，放下想改變任何感覺的念頭，只是希望好好與這個情緒同在。過了一段時間若感覺情緒變少了、輕鬆了，就慢慢回到呼吸點，留意自然呼吸，在呼氣時放鬆身體。

練習約二十分鐘或以上。跟情緒溝通急不得，情緒有自己的時間計劃，並不理會腦袋的想法。如果你希望情緒快點離開，它就會因為你的嫌棄而逗留得更久。容許情緒用自己的步伐離去，你只是它的朋友，與它一起走這段路、一起呼吸而已。

練習後也不需要急着看到甚麼轉變，但可以不斷用這個方法去面對心裡的魔頭。回到日常生活時，要用實際行動來超越這恐懼。除了以冥想來面對恐懼，你必須透過你的行為來完成這個「恐怖障礙賽」。光想沒可能幫助你超越自己。你不需要等到完全沒有恐懼才行動，恐懼只是想提醒你小心，只有行動才能夠把恐懼真正劃上句號。

第九章

在迷失中找答案

與迷失感覺同在

每一刻我們都有意無意地放下一些舊東西，吸收新東西。有時候只是掃掃心裡的塵埃，但有時會突然迎來大掃除，把你所有的認知、所有期望都一一放下，讓未知的、新的事物有空間走進心裡。大掃除的時候，你會下意識採取慣用的方法和態度去應對，因為這些你知道的方法幫你打過不少江山，一直都沒有大問題，所以你堅信這些方法可行。直到無論怎樣努力都好像沒甚麼大進展時，你開始發現及承認舊有的方法不太能夠幫得上忙，需要採用新方法，卻未能完全掌握。在這刻你就會覺得有點「迷失」。

我們一般會把迷失看成個人的失敗，但當你仔細想想，就會發現「迷失」是內在系統更新時無可避免的過程。當你有「迷失」的感覺時，你就在大掃除。如果你順應這種「交接期」，你的系統就會較快更新，否則你就會發現自己卡在不同時間、空間、認知與意識層中。

對於如何走出「迷失」的狀態，其實你心中一直有答案，只是往往會忘記。你一直在「明明我這樣做曾經成功了，為甚麼現在行不通呢？」的念頭中打轉，走不出來。對，這個時候並不舒服，那是因為你覺得你「應該」要「知道」如何面對。但是宇宙的其中一個秘密就是它永遠在變幻當中，而「知道」的都是過去的事情，試問如果宇宙每刻都在改變，你又怎會「知道」呢？

那如何在不知道答案的情況下保持平靜、安然的心呢？當你完全接受你真的不知道，永遠也不會完全知道時，你的心就會平靜下來，不會再掙扎，亦能開始與不知道和平共處了。

慢慢地，你會發現「不知道」的有趣之處，也會開始享受其中，你不會再那麼急着要「知道」，亦不用急着去跟他人解釋自己的行為，因為他人的認可已經不重要了。你的心開始穩定下來，慢慢從「要做」變成「就是」了。

回頭看看以前自己因為擔心、恐懼、急着要「知道」而東奔西跑，像瘋子般亂衝亂撞，就會覺得很可笑，笑自己過分認真，笑自己弄得身心疲憊，卻甚麼也得不到。要記得你不能改變外界的事情，只能改變自己的心，這樣你整個世界就會開始改變。

有沒有留意到每次當你去找答案時，到最後都是繞了一圈回到同一個答案？表面上答案相同，但每次當你回到原點，從側面觀察，你就會發現你的答案帶你走到更深的層次。一直重複這個過程，直到有一天你完全記得和明白為止。

很多經典都說「答案已在心中」。話雖如此，若不去尋找，答案並不會深深的烙印在你心裡。答案已經存在，但也要繼續去找，這樣才會有更深體會。

生命的所有都是你幻想出來的，而你的幻想來自於你的信念，信念則來自你內心的投射。這是很簡單的事實，但當中有很多不同層次與深度。好好了解自己內心的投射，就會找到所有的答案，這就是萬物的運作模式，也是我們如何創造現實。

很高興你已經走了這麼遠了。

瑜伽、冥想

【瑜伽練習】

當感到迷失時，我們很想找答案，但其實答案已經存在，只是時間還沒到而已。這個時候可以練習穩定自己的心，就好像把船錨放下，雖然海浪令船左搖右擺，自己的心穩定下來，就不怕漂來漂去了。這時的瑜伽練習多選擇站姿動作，感受雙腿扎根帶來的穩定。

座椅式 ※

進入動作：雙腳並齊，雙腿有力往中間集中，像夾着一本書一樣；雙手慢慢往上延伸，呼氣時往後坐，像坐在椅子上。胸口往上提，骨盤、膝蓋往後，感到重心較多放在腳跟，但保持腳趾輕鬆放在地上、肩膀放鬆。維持十個呼吸後，慢慢站起來，雙手放下，略為休息。

戰士一式 ※

進入動作：從站姿開始，先把左腳往後移，雙腳距離約四呎，前腿彎曲，有往下的感覺，

※座椅式

※戰士一式

※戰士二式

膝蓋約在腳踝以上、右骨盤之前。留意兩腳寬度比髖略為窄，避免成一直線。後腿有力，有往上提起的感覺，後腳跟扎根在地上。雙手提高，放鬆肩膀。輕微把前骨盤拉往胸口方向，以帶動腹部肌肉，眼睛看着前方一點，放鬆視線。維持十個呼吸後，把後腿帶回前方，回到站姿。再換另一邊，重複動作。

戰士二式 ※

進入動作：從站姿開始，把左腳往後移，但馬步比戰士一式長，腳跟對齊，前腿彎曲，膝蓋約在腳踝以上、右骨盤之前。後腿有力往上提升，後腳跟扎根在地上。雙手前後張開，如翅膀一樣，幻想雙臂輕鬆地浮在水面，肩膀放鬆，眼睛看着前方手臂。輕微把前骨盤拉往胸口方向，以帶動腹部肌肉。維持十個呼吸後，把後腿帶回前方，回到站姿。再換另一邊，重複動作。

樹式 ※

進入動作：從站姿開始，雙手叉腰，把右腳放在膝蓋以上或下的位置，避免踩在膝蓋上。放鬆下腿的腳趾，視線定在前方地板或牆壁，當找到呼吸後，可以的話慢慢把雙手提高（如果仍在找平衡的話就保持雙手叉腰），吸氣時整個身體像一棵樹往上延伸，呼氣時腳往下扎根，放鬆臉、脖子和肩膀。維持十個呼吸後，把腳放下，回到站姿。再換另一邊，重複動作。

※樹式

動作裡的練習方式

眼睛看着前方一點，放鬆視線。在動作裡加深呼吸，吸氣和呼氣時慢慢數到四，把呼吸節奏拉長，每個動作這樣呼吸十次。吸氣時想像如樹根般把泥土的養分從地板吸進身體中心，呼氣時則把不需要的能量透過雙腿帶到地面。盡量留意呼吸及腿部的感受，紛亂的念頭讓人難以專注，一次又一次回到呼吸，留意腿部感受，練習把念頭放下。

【冥想練習】

當感到迷失時，希望找到答案的念頭會不斷湧現，在這個時候冥想並不容易，但如果我們堅持專注於呼吸，就能灌溉出一顆穩定的心。

專注於肚皮或鼻孔區域，留意呼吸的自然節奏，一心一意地留意每次呼吸的進出，持續約十分鐘。十分鐘後，當自然吸氣時留意全身的感受，呼氣時讓身體放鬆，繼續練習十分鐘。留意要放下對練習的預期，如果分了心也沒關係，再次回到呼吸，繼續觀察每次呼吸。

第九章 │ 在迷失中找答案

三、

認識信念

知識愈多
愈安全。

概念愈多
愈束縛。

第十章

體驗生命

信念

生命是甚麼？你覺得生命是關於終點，還是當中的過程？如果是關於終點的話，生命的終點就是死亡，試問這是我們想要盡快到達的地方嗎？好像不是。換句話說生命便是關於當中的過程了，而過程需要體驗才有價值。

在《自己的玻璃屋》一章我們談過，世界本身沒有一個既定意義，而是透過我們的認知去解讀外界發生的事情，透過我們對事物的理解（心理投射）從而得到不同的體驗。就好像幾個朋友去看電影，但每個人得到的體驗都不同，有些人覺得電影很有啟發，有些卻覺得沉悶，有些覺得感人。體驗來自內心的投射，而投射卻來自我們的意識。

有意識地選擇體驗

如果生命是關於體驗，而體驗來自自己的投射，投射來自我們的意識的話，理論上我們可以選擇自己想要的體驗和自己想過的生命。話雖如此，說得容易做卻難，我們對所面對的一切感到束手無策及無助的時候多，有把握的時候卻少之又少。

這就是智者與凡夫俗子的分別了。智者有意識及有技巧地利用心中的投射來得到自己想要的體驗。而我們這些凡夫俗子卻無意識地讓習氣投射出一些我們不希望體驗的東西，因此覺得生活每每充滿痛苦及掙扎。雖然每個人都擁有創造及選擇的能力，但智者有意識地選擇，而我們卻是無意識地讓情緒、習氣做選擇。

如果生命是關於體驗，而體驗卻來自我們有覺知的選擇的話，哪怕我們不能一步登天變成智者，至少我們知道有這樣的可能。如李白所言：「只要有恆心，鐵柱磨成針」，我們的命運是有可能改變的！

專注體驗本身

在這裡給大家一個例子。左頁有兩個陶瓷容器，一個是容量較大的碗，另一個是容量較小的杯子。如果把水分別倒進兩個容器裡，裡面的水是一樣的水還是不同的水？

答案是：裡面的水是一樣的。如果你只想喝水，你會介意水是用杯子還是用碗盛着嗎？你會否因為容器是個杯子而不是碗便感到不高興嗎？我相信你不會介意，因為你想要的是水，並不是碗。

那如果我把水比喻為生命的體驗呢？

如果你希望得到的體驗是烹調自己喜歡的食物與人分享，那請問在家裡煮給家人吃和變成大廚煮給客人吃有沒有分別？當然，要開一家餐廳與烹調家常便飯的條件很不同，但是「烹調自己喜歡的食物與人分享」的體驗有不同嗎？沒有。做飯給一百個人吃跟做給一個人吃當中的「烹調自己喜歡的食物與人分享」體驗又有不同嗎？你可能會說，既不同又沒有不同。我會說你覺得不同的地方跟器皿的大小一樣。

我們往往執着於容器的大小，而忘記了盛載的內容才是重點。生命也如是。如果我們執着於容器，就沒辦法享受器皿所盛的飲品了。如果你覺得分享廚藝就很開心的話，那做飯給一個人、十個人、一百個人吃都可以給你帶來同樣的快樂——只要你專注於體驗本身。

遵循本心

有次跟同學分享我的教學故事。我看到同行的瑜伽老師開師資課程爆滿，剛強的體位法及教授技巧的課程非常受學生歡迎。自問剛強練習的基礎及技巧的掌握並不是太差，但我深深覺得其他老師教授的體位法及技巧已經非常好，又何須多我一個呢？況且，雖然多年都教授剛強的流暢（Vinyasa）瑜伽，但這幾年自己比較享受一些較柔和及簡單的練習，同時我最嚮往的教材是關於生命的課題，所以我決定把剛強的流暢瑜伽師資課程改為陰陽流暢瑜伽課程，並着重以生命課題為精髓。

不少人跟我說：「你知道陰陽瑜伽最難推廣。喜歡剛強的學生會覺得陰陽太柔，喜歡陰性練習的學生卻覺得陰陽太剛烈。」

「我知道，可是若要我只選一樣，我卻提不起力氣去教，因為那並不是我熱衷的。」我寧可教授懂得欣賞的人，哪怕人數比較少，總比教授一大群與自己想法不符的人來得舒服。

的確，比起之前教導流暢瑜伽師資課程，現在參加陰陽師資課程的人數少了大約一半，但可以說我比較享受這個題材，覺得很有歸屬感，學生也因為想多理解自己的身心靈才報讀。去年新開了一個名為「做自己」的師資課程，課程主旨很明顯就是關於做回自己，毫無保留地發揮自己獨特的個性。對我來說，技巧雖重要，但若果有技巧而沒有靈魂的話，課程亦會失色不少。

這個課程大概有十位學生報讀。我告訴他們很高興課程能辦得成，雖然報讀人數是我教授師資以來最少的，但這卻是我經歷過最療癒、最有啟發及最有影響力的課程。看到每名畢業學生身上的光芒，我真的很開心，這個開心的感覺跟教授一百個人並無分別。

學生說：「我明白你教授一個人數少的課程跟人數多的課程給你的『與學生分享、一起成長』的感覺一樣，可是，若果課程人數不足以讓你開課，豈不是不會有這個體驗？」

我說：「課程未開始前，我也需要做很多事前準備，例如參考書籍，準備筆記、教材等，在這些準備功夫裡我其實已經在經歷『與學生分享』的體驗了，只是用文字、概念的方式，而非面對面的方式罷了，不是嗎？最後能不能開班不在我的能力範圍內，盡了力，專注於我能力範圍內的本分，體驗那一刻可以體驗的點滴就夠了。當條件符合，而我仍想開辦課程，就自然會發生。每一刻的體驗都是神聖的安排。」學生就明白了。

宇宙的助力

當我回頭看生命的道路，發現原來每一步都是有智慧的安排，要來的考驗不會遲，不會早。當我準備好迎接新挑戰，挑戰就會來；當我走到最黑暗的地方，往往會有人拉我一把。每個體驗都是自己有意無意選擇的，而每件事和遇到的每個人都在告訴我，自己的投射是甚麼，自己需要學習的是甚麼。宇宙的安排實在是太精密了，不相信宇宙，真的不知道可以相信甚麼。

當準備好去體驗我需要體驗的東西，宇宙一定會幫助我；若事情沒有如願發生，也是因為自己根本還沒有準備好。就好像一對慈祥和嚴厲的父母並不會因為小孩鬧着要這些那些而屈服，他們會等到適當的時候才獎勵小朋友，會因應小朋友的能力委任適當的差事。我們就像宇宙的小朋友，宇宙非常清楚我們的能力、習氣、情緒，不會溺愛及縱容我們。當我們做好自己，路就會愈來愈順，當能力愈大，擔當的責任也會愈多。這不是懲罰，而是讓人進步的方法。生命是關於成長，宇宙父母也希望我們成長，亦清楚每個人成長的方法與時間不同，會尊重我們的步伐，每一刻只給我們可以承受的劑量。

慈祥的父母會因應小朋友的喜好去栽培他們，就好像你喜歡彈鋼琴，你必須要告訴父母，他們才可為你安排鋼琴課程。因此我們必須知道自己嚮往的是甚麼、想要的體驗的是甚麼，才可以告訴宇宙父母，這樣宇宙才能夠幫助我們。

試想：當你把所有的專注力放在體驗裡，同時尊重自己的能力範圍，你定能做得開心、愉快。體驗是關於感覺，而非結果。無論結果如何，過程中你會學到很多，這也是生命最寶貴之處——學習。當你專注於體驗，放下對結果的執着，你會發現你的熱情、衝勁、動力不斷，事情變得輕易而舉，一切也會變得順利。當你愈享受，發揮的光芒愈亮，這光芒就能幫助你吸引同頻率的人和機會。

選擇自己想體驗的，專注於其中，在能力範圍內盡自己本分，創造你的生命！

第十一章　一切與無

觀察變幻的法

我們最大的恐懼是滅亡。害怕滅亡及消失是因為你沒完全明白宇宙的運作模式，只看到了事情的表面，看不到內裡的究竟。

如果你深觀任何東西，對，任何東西，會發現它們的終極只是一股能量，是「一切」的一部分，卻沒有清晰的界線。有趣的是，當你想對自己有更深了解時，無意中你就已經假設「此」與「彼」是分開的。當你繼續探究，就會找不到「自己」。因為「此」與「彼」不能分開，一開始你的假設就已經錯了，之後便會感到困擾。你害怕如果你不是「某」，你就是「無」。

其實你既不是「某」，亦不是「無」。你「是」，你也「不是」。你是「這」，亦是「那」。可當你要刻意去區分、去標籤「這」和「那」時，你會發現並不能做到，因此便很困惑了。你感到困惑是因為你認為你一定要是「某」，才能在世上擔當一個角色，去活着、去運作，以及去認知。但其實「某」是「一切」的一部分，不能從「一切」分割。

從邏輯角度，如果你是「一切」的話，你就不是「某」，你就不再特別。你並不喜歡這樣。從小到大不同的教育體系會告訴你，你是「某某」，你有何等特別。當你發現原來自己不是「某」，卻是「無」和「一切」時，你會不高興。做「某」增添了做人的意義，當失去「某」的名義時，你同時失去了生命的意義與方向，開始感到迷失，繼而發慌、困惑。

「一切」建立於「無」，「無」被「一切」維繫着。沒有了「一切」就沒有「無」，沒有「無」就沒有「一切」。因此，當你深入觀察某些東西時，你會發現你甚麼都找不到，是由於它包含了「一切」。「我」的概念是從「一切」和「無」抽取出來的「某」，但其實「某」(在這裡指「我」)並不能從「一切」中分割，所以並沒有「我」。當然，「我」這個概念能在你的幻想世界生存，但在現實中你找不到「我」。

再回到一開始談及有關滅亡的恐懼吧。滅亡乃恐懼之母，是因為「無」是「一切」的根源。當探索「一切」的源頭，你只會找到「無」，而「無」卻來自於「一切」。試想想黑洞，它便包含着「一切」。我們對消失或滅亡感到恐懼，是因為我們看到實相的「無」；現實背後沒有實體的存在，也因為一切源於「無」。

當你深入了解「無」，你的生命就再無任何恐懼了。

瑜伽、冥想

當我們對「無」有某個概念或見解時，我們就會「無中生有」，因此在練習時放下對結果的任何期望。我們不需要明白、爭取、得到甚麼。要知道無論練習後有沒有得到甚麼，我們都已經得到需要得到的課題。智慧有時需要點點滴滴累積，並不是一時三刻就能得到，有時在你最不在意時的領悟反而如當頭棒喝。練習是為了學習把覺知引導到我們想去的方向，其他的就放下，讓宇宙法則幫助你吧。

【瑜伽練習】

其實大部分的坐姿動作都適合這個練習，唯一是需要停留較長時間，這樣在觀察時會有比較明顯的「對象」。在這裡我選擇了雙鴿式，但如果膝蓋或髖關節有傷患的朋友，可以考慮以穿針式代替。

雙鴿式 ※

進入動作：坐在地上，先把左腿彎曲，把

※ 雙鴿式

右小腿墊在左小腿上，盡量把兩條小腿重疊。保持小腿平衡，可調整雙腿的開合度，避免髖關節有卡住的感覺。然後延伸脊椎，慢慢把上身往前折，雙手（或手肘）放在地上，放鬆雙腿。在這裡希望以右臀肌得到伸展為主，一般身體折得愈深，強度愈高，反之亦然。

穿針式 ※

進入動作：躺在地上，屈曲雙腿，把右腳踝放在左膝蓋上，右手像穿針一樣穿過兩腿之間，雙手包裹着左膝蓋，緩緩把左膝拉到胸前，放鬆肩膀、脖子。與雙鴿式一樣，希望着重右臀的伸展，約六到八成。

如果因為臀肌或大腿肌肉緊繃而在做穿針

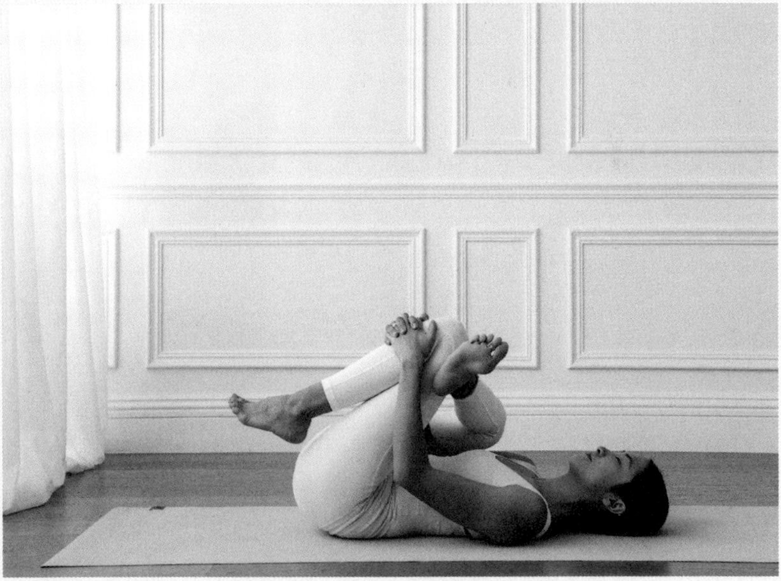

※ 穿針式

式時難以自然地抱着膝蓋，可以利用牆壁完成此動作。先把雙腿放在牆壁上（像《恐懼的限制和釋放》一章內的靠牆提腿動作，只是不用瑜伽磚），再把右腳踝放在左膝蓋上，之後慢慢彎曲左腿，腳往下滑，直至感到左臀肌伸展了六到八成就可以停止彎曲左腿，放鬆肩膀、脖子，讓身體舒服地躺在地上。

動作裡的練習方式

當設定好動作及找到適合的強度時，感受肚皮的自然呼吸，在呼氣時放鬆身體、放鬆念頭，如是者觀察大概十個呼吸。之後開始觀察伸展範圍的感受，包括感受到的強度、溫度、範圍的大小、形狀，以及當中的改變。留意這

※靠牆穿針式

些改變會不斷發生，感受是因為不同的條件，像是：動作停留的時間，前一兩天的活動（如之前跑了步，身體的感受就會強烈、明顯些），呼吸和放鬆的程度等。持續觀察這些感受的變化，注意這些感受如何不斷與身邊的一切交流、應對。

五分鐘後慢慢放鬆，躺在地上約三十秒，觀察體內能量的變化，留意兩條腿的分別，兩條腿的分別不是好壞，只是他們遇到的際遇不同，從而產生不同的感覺。有感覺與沒有感覺都只因條件不同，兩者都是與「一切」做交流。

換另一邊。

【冥想練習】

感受鼻孔的自然呼吸，留意每一次呼吸。當觀察到自己被念頭拉走時，再次把覺知帶回呼吸，如是者不斷回到留意每次自然的呼吸。

當你發現心已經穩定下來，便集中於眉心的感覺，觀察感受到的自然變化，放下對感覺的執着及批判，不斷觀察其變化直到練習時間結束。當然如果心不能專注，那就一直留意自然的呼吸進出就可以了。可能你要練習一段時間才能夠讓心定下來，沒關係。

建議練習時間：二十分鐘

第十二章　頭腦遊戲

信念

出生時，父母經常對自己重複幾個字，後來慢慢發現，那是自己的名字。名字就像為生命加上了一個烙印——這是我，我是這個名字。之後做某些事情時會換來父母溫柔的話語，而做另一些事情時卻會得到比較嚇人的聲音，慢慢我就學會，原來某些事換來溫柔（愛），某些事會換來恐懼（懲罰）。從這些「可以」與「不可以」之間，我發現家裡有某些隱形的運作模式——跟着父母的做法，他們說甚麼「就是了」。

「為甚麼要讀一些關於已經死了的人的事？為甚麼要了解一些完全跟自己無關的宗教？」

「因為讀書才會變成有用的人！」媽媽說。

原來讀書等於有用。記得小時候會被罵「沒用」，「沒用」的話就會一直有不好的際遇。對，我是「有用」的人，我當然要做「有用」的人了。努力讀書，那我就等於「有用」。

忍氣吞聲地總算升到大學，自由了！我「有用」了！

「請問『有用』之後有甚麼用？」

「工作啊！工作才是真的有用。」媽媽說。

原來讀書不是真的有用，是為了工作，工作才是有用。如果工作才有用，那為甚麼我要讀書呢？

讀書究竟有沒有用？（我到底有沒有用？）

「你不先讀書，就不能找工作，所以讀書不是沒有用。」

讀書不是沒用，但要工作才「有用」。

我搞不懂。

算了，反正不讀不讀也讀完了。如果說工作是「有用」的話，那我就工作。找到一份跟之前讀書科目相關的工作。為甚麼？我不知道，因為他人說你讀甚麼就最好找同類型的工作，我就跟着做了。工作沒多久我發現我讀的內容跟這份工作的內容不是很相似啊，那我為甚麼要讀書呢？畢業前說那些資格證明很重要，但是這公司連我的證明都沒看過啊。我開始懷疑，為甚麼花了那麼多年讀的東西與我的工作完全無關呢？

「因為讀書跟工作是兩回事。」

如果是兩回事，那為甚麼我要先讀書再去工作呢？直接去工作，不是能夠直接變得「有用」嗎？

「總之就要先讀書，不要問！」

但我還是不明白。

後來我又發現，原來除了工作，還要事業有成才叫做「有用」。我很想成為一個有用的人，因為「沒用」的話就甚麼都沒有。我要努力工作，用最好的態度，做出最好的成績。

「你的工作成績出眾，很好！」

正當我覺得我「有用」的時候，回家後老爸卻說：「唉，工作好又怎樣？嫁得不好還不是一事無成。」原來除了工作好，要「有用」還要成家？

「我沒有告訴你嗎？還要漂亮，身材要瘦，但瘦的同時胸與臀要豐滿；做人要識大體，懂禮儀；最好會做飯，又要常運動，還要能言善辯。」

那麼多？沒關係，我對「有用」這件事真的很認真。好，我做運動，一個星期做四次夠嗎？好，我吃得健康些，因為他人說這樣比較好。好，我去學化妝、修指甲、做面膜、磨砂、喝水，保持好皮膚。好，我去買漂亮衣服，看起來精神些。好，我去做家務，因為媽媽說家要整潔，人才算好。好，我去聽朋友訴苦，做一個「好」朋友。

我覺得所有事情都做好了：

- 樣貌：總算懂得化妝，沒有長太多暗瘡，衣着獲稱讚入流。
- 工作：收入穩定
- 收入：比朋友、家人好。
- 男友：郎有才，收入好，人品好，算是有家底。
- 成家：跟男友有共識
- 家人：關係不是非常親密，跟外面看到的其他家庭差不多。

自問算過關了，但有時不知怎的，就是沒有開心的感覺，還會發現自己有脾氣。

「有脾氣就已經不好了，不管其他事你做得多好也好。」

好，那我就全力調整我的情緒吧。

讓我看看改善情緒的書，不知從哪裡聽到瑜伽可以幫人減壓、控制情緒，好，讓我去試試。原來這樣拉拉，那樣伸伸可以幫助身體舒緩，繼而解開心結。啊，原來留意呼吸是那麼的難，原來我從沒有活在當下，怪不得我一直「沒用」。當我活在當下，我就可以「回到自己」，變得有用。

不是關於書本，不是關於工作，有沒有用是關於是否活在當下。仔細回想，我們常常只跟過去、將來做比較，原來不是關於這些！那為甚麼一開始我們要讀書？為甚麼社會要我們工作？

好，既然是關於修行的話，我要很認真地把生命所有以修行為主。先找個師父，啊，原來我們要念經。「請問活在當下跟念經有甚麼關係？」

「你要透過古老的經典來明白自己的無知。」

「為甚麼要古老的才行？現代的有甚麼問題？」

「古典之所以為古典因為它的道理超越時空限制。」

「那不代表現代的不行。」

「不要再問，古典書籍說要研讀古典。」

這是甚麼道理？管他了，總之甚麼方式可行就做吧。以前的人修行時會拋夫棄子，放下所有，因為他們說這樣比較能夠馴服自己的習氣。「對，我有很多習氣，不出家應該很難馴服。」但我剛結婚，難道要離婚？「出家比較好，但不出家也可以。」是嗎？那好，那我等到離婚或老公去世後才出家吧。在家又如何修行呢？

坐禪，每天都要坐，無論舒服不舒服、高興不高興、生病或健康。吃素，不吃素就會繼續造孽，那無論你公德多好也是浪費。這個不是很難，反正我也不是很喜歡吃肉。然後每時每刻留意自己的言行，留意自己的貪、憎、癡；要環保，不買以動物製成的東西；盡量樸素，也就是不花無謂的錢，這樣就不會培養貪婪的心。

留意言行、吃素、坐禪、瑜伽、環保，可以。樸素，很難啊！

「因為你有貪念，所以更加要控制貪婪。」

對，我還不是做得很好，當我不好的時候我就「沒用」。佛書說我們要成為菩薩，才能真正幫助別人，因此一天還沒成為菩薩，就是「沒用」。

我用了好幾年時間每天用功，外表看起來我很環保，言行比以前有了比較多正念，也有不少人找我教正念。跟以前相比，我樸素得多，以前一星期逛一次街，現在一、兩個月才逛一次。審視一下自己，對，現在的工作因為有了正念而容易了，成就多了，錢也多了（雖然最好不要花掉，花了就沒有正念了），幫助的人多了，我開始變成「菩薩」了嗎？

我現在「有用」了嗎？好像比較有用了。我終於明白以前的有用是假的。好，這個修行的方法不錯，讓我繼續。

幾年過了，修行繼續，但說真的我覺得雖然外表好像變了，但自己的本質根本沒有改變。我跟自己說：「這些習氣很難超越，慢慢來吧，要用幾輩子也未必能夠清理好。」

進入空的空間

每天我都在想自己哪裡可以更進步，哪裡覺知不夠，該如何放開些，究竟生命的真諦是甚麼？是甚麼？是甚麼？這樣問了一段時間。直到有一晚上，我躺在床上，覺知進入了另一個空間，我感覺及看到所有東西的共通點——空性。我感覺到原來我的本質一直就是空性！只是一直都忘記，不斷往外尋，原來「我」一直都是一樣！那個空間感覺跟平常生活的空間很不同，那裡對所有人、事、物的感覺完全平等。對愛的感覺與對恨的感覺相同，只是以不同的能量來呈現，但它們也是空的。在那裡，沒有「我」的感受，卻也感到「我」與「一切」相同，因為所有的基本都是空。

沒有一樣東西存在任何意義，因為都是空的。生命的意義，包括我自己是誰，禪修比較好，成為妻子、瑜伽老師，通通都是自己的頭腦遊戲，通通都是概念而已。小至細胞、大至宇宙，他們的軸心都是空——沒有對、不對、應該、不應該，所有東西本身就是空的，包括我自己。

在這個空間裡很難思考，我需要用很多力氣才能把念頭從宇宙邊緣拉回來，在那個空間裡我根本就沒有，我就是空，而空就是所有的基本。原來根本沒有念頭，是額外加上去的，我感到概念、念頭很容易把空性歪曲，雖然空性本身沒變，卻會被這些粗糙的概念掩蓋。

在那裡沒有恐懼，甚麼都沒有，因為所有都是沒有，所以連恐懼都沒有。在那裡除了感受到空，我還發現一個重大的關鍵——當我們願意放下所有、一切、絕對的念頭，我們就可以接觸到全部。這就是「空」與「一切」的關係。

在那個空間的兩小時裡，我學到的遠超於我從書本、經典、修行中學到的。我發現原來自己一直都是空！那麼多年的追尋，從讀書、工作，到找伴侶、禪修等等，所有都只是頭腦遊戲！外表看來修行後的我好像比以前好，但內在性格還是一模一樣。樸不樸素、打不打坐不是關鍵，當理解到我可以是任何的時候，原來修行可以綁住我。沒有絕對的好或不好，一切都是頭腦遊戲。

那天後我的人生有了非常大改變，我發現不管是瑜伽老師、主婦、櫃檯職員、農夫、學生、有錢人、窮人、有志之士、迷失青年在空裡是一樣的。多年來我只是從萬千個不同角色中選了「修行人」的角色來演，不知不覺把所有東西都圍繞着如何塑造這個角色，我的生命看起來「比較好」主要也是因為這個角色的背景、台詞、服裝、演技的互相配合。在空的舞台上，每個角色都只是角色而已，沒有比較好或差的角色。無論那個角色有多成功或多失敗，在空的舞台上都是空的。

我看到自己為了成為好老婆、女兒、瑜伽老師、修行人、環保人的執着。在空的世界裡根本沒有比較好，只是無知的我以為做環保的人比浪費的人好，做修行的人比做普通人好，因為我的這些想法、概念，構成了一個幻想世界，在這個世界裡，有好有壞，有應該不應該，有高有低。但那天我看到一切都只是一個夢，都是頭腦遊戲。

用了一段長時間去好好理解這兩小時學到的東西，這個經歷把我三十多年學過的東西一一推翻，我以為真的卻全都是假，以為虛幻的卻是真。

放下對角色的執着

我終於明白為甚麼人會對「不知道」、「沒有」、「不夠好」、「失去」那麼害怕，因為這就是我們的根本。但我們怕這是因為我們沒有看到事實的全部，只是有意無意地嗅到「空」的味道，卻忘記了當我們願意空出來的時候，一切盡在我手。當我們害怕回到空，就會盡力抓住些甚麼，於是抓住了不同的角色，以為這些角色就是我們的全部，但如果我們把角色定義為絕對的話，就會失去了成為其他所有角色的自由。也因為我們把自己在演的角色抓得很緊，當戲快要演完的時候，就覺得跟角色一同死去，痛苦不堪。那天我明白到當我放下任何一個角色的時候，自然會把所有看得輕得多，如果現在的條件不符合讓我當瑜伽老師，那沒關係，我回家泡咖啡好了；如果一天丈夫離開我，太太的角色要放下了，沒關係，我就當個單身的人吧。

有趣的是，當我愈不在介意（不等於完全不在乎）自己的角色，我反而愈有勇敢去說、去做些以前不敢嘗試的事。比如有人邀請我辦一個課程，由於我對自己要求很高，會盡力做到最好，但如果最終事情沒有如期發生、改期又或者反應沒有想像中好的話，我會很責怪自己，會覺得沒有做好自己的「角色」。可是現在我仍會盡力地去做，但如果課程最後取消了，或反應沒我想的那麼好，自己介意的程度卻減少了百分之九十，甚至毫不介意。

因為我知道所有成敗都是頭腦製造出來的，就好像當我知道自己在做夢，那我還怕甚麼？甚麼都去試吧！

最後我想說的，無論你現在演甚麼角色，可以的話多去審視一下：到底我認為絕對的有多絕對呢？是恆久的真實嗎？要知道絕對真確的東西能夠經得起時間、空間、人、事、物的考驗，必須能應用在所有、一切之上。

我們可以定義自己的生命，但必須要徹底療癒好受了傷的自我才去下定義，這樣我們的定義才會造福自己、造福世人。

第十三章　甚麼都不知道

從不平衡中找平衡

迷茫的時候，問自己，為甚麼覺得不舒服？迷茫為甚麼讓我不舒服？答案很簡單，「因為不知道怎樣做啊。」不知道現在這一步走得對不對，所以很迷茫、非常沒有安全感。

人很需要「知道」。哪怕知道了也不一定等於明白，要走的路可能還是一樣，要犯的錯可能差不多，但就覺得知道一點點總比完全不知道好。就像在海上浮沉時，有根木頭抓着總比沒有好，儘管有沒有木頭也好，人仍在大海中漂浮着。

想一下還是嬰孩的時候，不會走路，跌倒了自然爬起來再試着走。沒有那麼多念頭，也沒有太多挫折感，跌疼了只會哭一哭，很快忘記痛楚，之後再嘗試。就這樣跌跌撞撞，不知怎地就學會了。

如果問小孩：「你知道怎麼走路嗎？」他只會說：「不知道，就這樣走啊。」「你不知道又如何走呢？」「不知道，就這樣走啊。」

小孩學習的方法就是不斷嘗試，憑着身體在不知不覺間從體驗中實踐並吸收的訊息而學習，就是這麼簡單。

回顧自己以前覺得很困惑、走投無路的時候，不知怎地就會突然找到線索，讓自己從黑暗中走出來，看到光明。當然，有時這過程比較快，有時比較慢，但到最後都能走出來。再回顧一下一些本以為很有把握的事，自己以為瞭如指掌、盡善盡美，但其後不斷發現自己以為很清楚的時候其實並不是很清楚，還有許多不了解的東西，還能做得好些。

在這些過程中，「知不知道」純粹為了安撫頭腦，最後我們無論以為自己「知道」多少，事實總會出乎意料，無論有多「清楚」，比起全部的現實來說，其實一點都不清楚。

沒有絕對的知道

人們很喜歡為事情設定概念，意思是這樣東西、這個人、這種狀況就是以這個模式運作。我們希望透過知道事物的模式來設定概念，透過了解或學習這些運作模式得知面對不同事物時應如何應對或處理。

當我們對事物有一個既定模式或概念時，我們的行為就會依照這模式去應對，這就是所謂的「知道」。我們覺得預先知道就能避過一些不必要的壓力。可是，如前面所說，事情往往不以我們想像的模式呈現，就算準備得多好，那些壓力、緊張還是存在，我們以為很清楚的還是不太清楚，與其如此，倒不如學習如何與「不知道」相處？

與「不知道」相處實在太可怕了，大部分人肯定會這樣想。

對，如果你仔細想想，我們的成長過程一直在避免「不知道」。努力讀小學、中學、大學、碩士、博士，工作後仍進修不同課程、靈修、瑜伽等。在這些努力背後，有多少來自對「不知道」、「沒有」的恐懼呢？

可是就算不斷進修，那份恐懼還是會繼續恐嚇着我們。就算「知道」了那麼多，我們究竟又有多「清楚」自己呢？

你知道帳戶裡有多少錢，可「帳戶」這個東西真的存在嗎？你的錢真的在一個「帳戶」裡嗎？帳戶只是銀行製造的假象而已。或者說工作，你的工作就代表你嗎？你就是你的工作嗎？若果你把工作辭掉，那你是誰呢？你說那你就是你丈夫的妻子，那如果你丈夫離開你，你又是誰呢？

你究竟是真的知道，還是你以為你知道很多呢？想想你所謂知道的東西，其實都依靠其他東西來維持，如果真的是「你」的話，那為甚麼「你」要靠「他」來維持呢？對於自己，你究竟知道多少呢？說真的，這樣想下去，我發現自己完全不知道自己是甚麼，完全不知道我懂甚麼。

與不知道相處

最近每天我就是用「不知道」的狀態去面對。起初很不適應，就好像飄浮在空氣中，完全沒有着地的感覺。但是我發現，當我不知道自己是甚麼時，反而不再受自己的身份限制，也不會被昨天的我綁着今天的我，變得勇敢非常。每一刻只是隨着出現的條件去做，不知怎的，事情往往就會以非常完美的方式呈現，而因為沒有覺得自己是誰，所以也沒有去捍衛甚麼，就是因為沒有捍衛甚麼，所以一切好像自然、順利、舒服得多。

大自然很自由，它會隨着不斷變化的一切呈現出每刻需要呈現的東西，往往亂中有序。知道也好，不知道也好，我們知道的實在太少。知道也好，不知道也好，生命還是繼續。當生命繼續時就會有變數，變數存在的時候就需要應變。恐懼的感覺來自不知道，只要我們還生存，我們仍舊不知道。

可我們一定要「知道」嗎？如果我們不知道，就不可以活嗎？地球上的動物和植物也不知道，卻活得比我們自在得多，他們每天都在告訴我們：活着就是關於不知道。我們不需要知道，也能活得很好。

瑜伽

【瑜伽練習】

有位學生分享他對修行的領悟：我們每天都像在騎單車一樣，每一刻都需要保持平衡——平衡身體的感受，平衡工作與休息，平衡自己與他人的相處時間，平衡邏輯與感受等。你不能永遠在不動的情況下輕鬆維持平衡，以騎單車為例，騎單車時既在往前走，同時需保持左右平衡，否則會不斷往左擺、往右擺，而當單車往左擺時，身體就要往右來反向平衡。換句話說，平衡就是不斷的反向平衡。我們每天都在不平衡中找平衡，就像這一刻你肚子餓了（處於不平衡的狀態），要吃東西才能夠平衡過來，但若吃得太多，又會走向另一個不平衡狀態。就算這刻你吃得剛剛好，算是達到平衡，但這個狀態並不能長期維持，幾個小時後你又回到失衡狀態，又需要吃東西了。生命亦是如此，不會有永遠的平衡，當我們放下「找到平衡的話我就快樂了」的想法，就不再介意自己處於不平衡、不知道的狀態了。

練習平衡動作的目的並不是希望你能夠保持永遠的平衡，而是希望你感受一下身體如何不斷幫你找新的平衡，從而感到安穩。

樹式 ※

進入動作：站着開始，右腳側放在膝蓋以上或以下的位置（避免踩到膝蓋），雙手叉腰。視線望向遠方的一點或者前方的地板，放鬆視線，留意呼吸。放鬆踩着地板的腳趾，慢慢呼吸，吸氣時脊椎往上延伸，呼氣時放鬆身體（包括臉部、肩膀、呼吸）。幻想自己像樹一樣，吸氣時往上、往外生長，呼氣時把不需要的感受透過根部排到地面。

如果找到平衡，慢慢把雙手往上延伸。如需要繼續保持穩定，眼睛便繼續看向前方；或者把頭慢慢抬高，往天花板看。可以的話不妨

※樹式——眼睛閉上

閉上眼睛，感受身體。我們往往不相信自己，使呼吸變得急速，甚至停止，身體開始收緊，然後就會無法保持平衡。平衡需要透過放鬆才能做到，我希望你透過這個練習好好在不知所措的時候回到呼吸，放下「我要知道、我要做到」的念頭，讓身體告訴你其實她可以安然在未知的狀態下找到安穩。

初學者可將這動作保持約十個長的呼吸，中高階的人可以保持一分鐘。完成後可以放鬆右腿，再換另一邊。

第十四章

成功背後的意圖

行為背後的能量

很多人看到我的生活都覺得很羨慕，他們說：「你就好了，日子過得那麼快樂，可以做自己喜歡的事情。我就不行了，既要顧家，老公也不像你的老公那麼細心、那麼體貼……」

其實我會說，我的問題不比你少，只是感謝有正念、覺知的練習，才能幫助我渡過難關。

剛剛跟一位朋友在網上聊天，以下是我們的對話。

他說：「我最近在想，到底自己將來想變成怎樣的人。」

「那有甚麼事讓你興奮？如果你快要離世，有甚麼事沒做絕對會後悔呢？看看這些問題能否幫你找到方向。」我說。

「我希望變得舉足輕重。」

「聽來很抽象。相對於你的孩子來說，你已是舉足輕重的了。但我並不覺得這是你的意思。可以具體形容一下你到底想看到自己變成怎樣的人嗎？」

「我希望在這世上是一個有影響力的人。」

「每個人都有一定程度的影響力，但我相信你對『如何影響』有某個特定想法，可以詳細說一下嗎？」

「我不想白白度過人生，比如說我想成為TED的演說家，想幫人做一些大決定。」

「但有否留意到你所提及的其實不盡在你的控制範圍內？與其去形容一些你控制不了的東西，我希望你形容一些既在你能力範圍內，又有熱誠想分享的事物。如果你不清楚這點，你很難成功。例如說說你當下有哪些機會？而在這些機會裡面有哪些讓你覺得興奮的事？要知道成功來自很多很多個對的決定，而不是來自僥倖。」

「坦白說，我常跟他人比較。好像每個三、四十歲的人都各有各精彩，所以我覺得自己也需要做些甚麼。」

「看來你之所以想做一些特別的事情是因為你想證明自己。說實話，聽起來我感到你疲累、艱辛，而非興奮。這個世界並不需要另一個翻版，當你比較的時候，你做的只是為了證明，而非真正依照自己的能力去發光發亮。當然，翻版不代表不能成功，但你總會有天無計可施，然後只能繼續跟着別人的路去走，你覺得這樣的做法能長久嗎？不如我再問你一個問題：如果你連自己喜歡的事都做不好，你覺得你能夠透過做不喜歡的事情而成功嗎？」

「不可能成功。」

探索真正想做的事

「那如果你先別想他人，別想成功不成功、應該不應該，我們又回到第一個問題：有甚麼事能讓你興奮？」

「我喜歡看到別人成長。」

「其實你現在每天都能看到他人成長，但你並不是很快樂，對嗎？你的意思是不是指你喜歡參與他人成長的過程呢？」

「對，是這樣的。我很喜歡教導他人。」

「那有甚麼阻礙你這樣做嗎？你猶豫甚麼呢？」

「沒甚麼阻礙，我只是覺得應該要快些成功，或者擴大我的影響力。」

「你覺得能否擴大影響力屬於你的控制範圍嗎？有否考慮過你想教導他人的出發點是甚麼呢？究竟是因為想被他人看到而去分享，還是因為你真的想看到他人成長呢？你要想清楚這一點。」

「說得對。我覺得我要先被認可、被看到，之後我才能有更多機會感染更多的人。這兩件事就像一個循環。」

「這樣說吧，好比上樑不正下樑就會歪，如果你在一開始不清楚自己的初衷，就可能需要不斷努力糾正方向，卻仍不能到達你想前往的地方。就算你真的被認可、有更大影響力，那時你就需要更多的力氣來維持，同時亦更難糾正，因為很多事情已經成形了，就算真的能更正也需要更多決心和力量。你有沒有看到身體裡面有一股恐懼在推動你，告訴你：你必須變得強大才能成功？你能否告訴我，有甚麼既定想法讓你覺得你一定要被認可、有更大影響力才能教導他人？」

「因為我覺得時間不多了。」

「你覺得如果現在不做就永遠沒機會對嗎？」

「對，好像年紀愈大，時間就愈少似的。」

「你覺得剛剛說的這句話是事實嗎？」

「我想在短時間內多做點事。」

「為甚麼要在短時間內做呢？為甚麼有這個時間限制呢？」

「好像這是我內在的恐懼。感謝你指出來讓我看到。」

「恐懼都是從內而發的，當你看到的時候就能從這恐懼中釋放出來了。可以說說你害怕甚麼嗎？」

「我怕不能夠養活我的兒子。我的意思是怕不能好好把他們養大，給他們最好的東西。」

「你可以解釋一下『好』是甚麼嗎？可以具體一些嗎？」

「我沒有信心做個稱職的爸爸。他們長大得很快，學習能力很強。」

恐懼的原因

「我可以問問你和你爸爸的關係嗎？」

「我們不是很親密，但大家的關係算和諧，我尊重他，覺得他很好，也深知他關心我。」

「但是？」

「我們很少溝通。從小到大我主要跟媽媽溝通，而爸爸負責家庭大事。」

「聽起來好像你渴望從爸爸那邊得到一些甚麼似的。你覺得你倆欠缺了甚麼？」

「欠缺？這個我從來都沒想過，也沒有參考。不知道啊，我從來沒有不喜歡他，更沒有埋怨他。」

「不需要有參考，你試試用心感受一下，有沒有甚麼是你想從他那裡得到但又得不到的？」

「唔……」

「這樣吧，你有沒有希望能夠與他更親近些？」

「有的。可能是我倆沒有甚麼印象深刻的回憶吧。」

「好，那我這樣說，看看你有沒有共鳴吧。你會否想製造一些難忘時刻，讓你的兒子們能夠記得你？就像你希望記得你爸爸一樣？」

「嗯，這我認同。」

「那回到之前的話題，你真正渴望的是希望與兒子建立親密關係嗎？還是想要成功、做大事？」

「是否因為我希望我爸爸非常成功，這樣我就可以記得他，所以我也希望可以做大事，藉成功來讓兒子們記得我？或者說，我希望透過成功讓爸爸以我為榮？」

「你自己覺得哪個說法比較有感覺呢？對哪個說法產生比較多感受呢？」

「我記得我結婚前已經很想做大事，得到成功，希望爸爸能以我為榮。」

「嗯，那就是第二個了。」

「很有趣，你讓我對自己有新的了解。」

「那你覺得你爸爸為你自豪嗎？」

「我覺得他是的，雖然他從來沒有說過，但我覺得他為我自豪。」

「嗯，我也覺得他是的。如果可以的話，我建議你親自問問爸爸，這會幫助你放下多年來的包袱。你可以考慮與爸爸來一次打開心窗的對話，雖然你們可能從來沒有這樣談過，但這會對你有很多幫助。」

「可以，對我來說這不難。」

歪曲的假象

「那就好了。不如我們回到第一個問題，看看你有沒有新的想法。」

「有的，有新的想法。」

「那你現在就可以用一個比較正確的想法去做你要做的事情了。生命是你的，不要為誰而活，要為自己的體驗和快樂而活。人生太短暫了，你做的事不是為了未知的將來，而是為讓你有活着、興奮的感覺。」

「好的。你知道嗎？早前我看到你丈夫在臉書上分享他的工作，我記得他很懂得投資，之後我跟太太說，如果我也擅長投資就好了，我們的生活應該會很不同。而且我也一直羨慕你可以追隨你的理想。」

「哈哈，你只是不知道我們背後面對的困難和自我懷疑而已。」

「對，每人都有自己的難題。」

「你知道嗎，臉書這個東西無法呈現全部事實，甚至蠻歪曲事實。不要太相信你在臉書看到的東西，你不能看到全部事實，他人只會把自己最好或最差的一面呈現出來。」

「但有一點我可以肯定，就是你找到快樂。」

「哈哈，你只是沒有看到我在生命中掙扎的時候而已。其實我並不是常常很快樂，只是我不介意我不快樂。我的生命不比你的好，我也在慢慢學習從困住我的思想限制中脫離出來，繼續往前走。我正在寫第二本書，就是想告訴大家我的生活並不是常常都過得很好。你們的生命跟我的一樣，都要從困難裡學習當中的課題。現在你剛放下一個限制着自己的想法，你又可以繼續往前走了。」

「衷心感謝你，每次跟你談話都像收到一份禮物。」

「不用謝，像你一樣，我也只是喜歡看到他人『叮』的一刻，跟你談話我也很開心。」

察覺行為背後的意圖

分享我與這位朋友的對話是因為我留意到這位朋友的困難與一般人很相似。

一、我們很少察覺行為背後的真正意圖——如果我們不清楚行為背後的真正意圖，往往會走錯方向。不是說我們的行為不好，而是定位錯誤的話，長遠來說我們並不會走到想去的地方。就好像這位朋友以為自己想成名，但原來他真正渴望的比這個簡單得多——跟兒子、跟爸爸更親近。試想想，要是我們不清楚自己的真正意圖，一心努力工作，把所有心力和時間投資在成名與賺錢上，我們可是會與兒子跟爸爸的關係走得愈來愈遠啊。

二、我們只會投射我們想看的東西——這位朋友覺得自己不夠好，所以會與他人比較，只從他人的好來對比自己的不好，這樣就會愈來愈陷入自我懷疑的黑洞，也就會更加偏離成功、愉快與幸福的路了。

多問自己我這個行為背後的出發點是甚麼？出發點背後的意圖又是甚麼？如果有困難，看看背後是甚麼既定的想法讓你覺得非這樣做不可？如果你真的按照自己覺得開心的事去做，你最怕甚麼事情發生？

當你與他人比較的時候，看看自己到底想證明甚麼？證明給誰看？很多人努力的背後，其實是因為他覺得如果不努力就甚麼都沒有。看看那些成功而又開心的人，他們也很努力，但他們卻懂得休息，收放自如。不休息不等於不能成功，但卻欠缺感受快樂的空間，這樣到底又有多快樂呢？

做喜歡的事

成功不難，但要做自己喜歡的、真正感到舒服的、可以持續的事並不容易。

每時每刻審視在自己能力範圍裡有甚麼東西讓自己覺得興奮、有活力，就去做那件事吧。可能那件事是雞毛蒜皮的事，沒關係，當你習慣選擇讓你有活力的東西，你的自信就會慢慢增加。如果有兩件事都讓你有興奮的感覺，那你就看看哪件事做起來比較有把握，就做那件事。如果兩個機會差不多，就隨便選一個。如果隨便選一個後你發現自己有些失落，你就知道要選另外一個了。選擇自己真正喜歡的事，盡力做到最好，放下對結果的執着。

生命不會停下來，繼續走就對了。

要記得，如果你連自己喜歡的事都做不好，就更難透過做自己不喜歡的事而成功。相信內心的指南針吧！

四、

找回方向

等待
也是選擇。

我沒辦法。

第十五章 原來都是夢一場

生命角色的概念

你覺得自己是個怎樣的人？你覺得你是誰？如果要介紹自己、形容自己，你會如何形容？你認為自己是甚麼？試試寫下來，不用想太多，對自己誠實，覺得是甚麼就寫甚麼。寫完再繼續看下去。

你所寫的就是你為自己建立的身份。我們常常透過工作、家庭、社會、地位、教育、情緒、靈性等去定義自己，在家庭、不同團體、社會中擔當不同的角色。在這些層面，你覺得自己是個怎樣的人？你用了多少光陰、功夫和氣力去維持這些形象？有否因為自己想要成為這樣的人，所以努力把自己包裝成你渴望的樣子？此外是否還努力地透過外界給我們的反饋繼續改進這形象？

如何知道自己做得好不好呢？那就要努力達到自己覺得這身份應有的形象。比如我其中一個身份是老師，而我覺得一個好老師應具備以下幾點：

- 慈悲
- 智慧
- 聰明
- 懂人心
- 有正念
- 受學生歡迎及尊敬

因為我想成為我認為的好老師，所以努力做這些事：

- 用心去聽他人說話（有正念與關懷）
- 讀很多書，幫人解決問題（有智慧）。
- 明白他人的苦惱（懂人心）
- 走路、吃飯很慢（有正念）。
- 努力辦課程，把課程做到最好，以招攬及培養更多學生（受學生歡迎及尊敬）。

我覺得這些形象很好、很正面，於是努力維持。

然後我就必須看看他人對我的看法。自己看不到自己真正的一面，要靠他人來「告訴」我們。

不過我們只看到自己想看的東西。例如我覺得自己很漂亮的話，就必須要做些讓我看起來漂亮的事投射出去，之後我會刻意與他人比較，或從他人奉承及批判的話來判斷自己漂不漂亮。如果我本身自卑，就會有意無意過濾他人對我的稱讚，覺得他們只是想讓我好過些，或者只是我一時幸運而已。如果我比較自大，就會把他人的稱讚視為理所當然，他人的批評是他們不懂得欣賞。從外界得到的認同、肯定、回饋，最後其實還是由自己定義。

生活的點點滴滴在不知不覺間漸漸被這些自己想出來的自我形象控制着。如果細心觀察，很多自我形象是被家庭、朋友、文化、社會塑造出來的，一些「我們」覺得「對的」、「應該的」、「高尚的」形象甚至成為普世價值。

為了這些「我覺得我是甚麼」的想法，我們窮盡一生去證明給自己看。對，無論你同意與否，我們只是在證明給自己看。因為我們以自己的觀點去看他人的想法，到最後也只是透過自己的過濾鏡猜測他人的想法。儘管大部分時候這過濾程序並不在我們的覺知範圍內，因為我們都很執着於自己的想法。

身份是一場夢

好，再次審視自己寫下的身份和形象。有多少是真的呢？如果說「我是一個好太太」是真的，怎樣證明呢？「好」的定義是甚麼呢？「好」的真相是甚麼呢？我們說的真相是實相，也就是超越人、時間、空間的界限，無論是人、大自然、動物，還是神，在不同時代，得到的答案都一樣，這才是真相。那麼，你要如何定義「好」呢？「太太」的真相又是甚麼呢？

究竟自己的身份有多真實呢？

一直這樣問下去，你會發現自己覺得對的事情並不是絕對真確。我們一直在維護一些編出來的假東西，把它當成真，更強迫他人相信自己的「真相」。當摘下一個面具，聰明的自我又會瞬間找到另一個「真」的面具去抓住，但無論抓住甚麼都不是真的。

人生如戲，戲如人生。我們的頭腦明白這點，但試問有多少人抱着演戲的態度去面對人生？做個好太太，做個好老師等不同的身份都由自己虛構並扮演，無論你是一個正念老師也好，一個家庭主婦、低收入人士，甚至億萬富豪也好，都只是舞台上的不同角色。角色當然有分別，但如果這夢境是一場夢，那每個角色都是夢，又有何分別呢？

要明白這個道理，就要把自己確定的想法一層層剝掉。角色不是問題，但認為現在的角色是唯一一個最對、最好的角色時，你就會產生各種不同的矛盾與痛苦。所謂執着就是把既定的角色視為你的全部，成為絕對，而當現實告訴你想像與實際有差別時，愈執着的人就愈會被自己的想法綁住，很難逃脫出來。但所謂困境也是來自於我們既定的概念，當概念改變，與事實的衝突就相對減少了。

接受夢境

就算知道一切都是夢，我們也不能離開人生的夢境，那麼我們可以想想：究竟我要創造夢境，還是要夢境控制我？我想做惡夢還是美夢？

就像佛陀的教導：如果我們沒有好好察覺自己的態度，就會被習慣能量與情緒控制，一直活在惶恐、抗拒、脾氣、意氣用事、後悔的循環裡。若我們保持每一刻的覺知，便可以選擇每一刻如何回應面前的狀況，繼而改變對同類事件的反應模式。當反應模式改變了，結果也會相應改變，這樣才有能力改變命運，創造自己想要的未來。

知道一切是夢有何用？當你發現自己着重的東西原來只是過眼雲煙，你對結果的看法相對便不再看得那麼重了。

凡事先接受，再抉擇。當發現所有體驗都是夢裡的選擇，無論發生了甚麼，我們都可以先接受，而不是抗拒，然後以穩定的心態選擇下一步。擁有接受的心不等於任由他人操縱，甚麼都沒所謂，只是你的行為背後沒有抗拒的態度，而是接受的態度。由於態度改變，就算選擇一樣，行為盛載的能量也會變得不同，結果當然也會不同。

演戲的目的是為了演戲，而不是為了戲終；當你明白人生是體驗而不是到達某個目標後，便會留意生活的點滴，凡事盡力而為，同時清楚無論結果如何都不是你一力能改變，況且甚麼結果都屬於夢境，對於結果的執着也減少了。

最有趣的是，當你沒那麼重視結果，也會因為不再執着而更得心應手。

你要做一個怎樣的夢呢？你希望變成怎樣的人呢？如果金錢、名利、地位、物質都不重要的話，你想具備甚麼特質呢？幻想當你離開這個世界，回頭看自己的人生，有甚麼事是你做了並感到高興的呢？有了答案之後就為之努力。你唯一能做的就是努力，哪怕不知道最後會怎樣，但只要盡力就好。

第十六章

回到最自然的我

做自己

做自己很難嗎？

這話題讓我想起在瑜伽課程裡，教導學生放鬆往往比教他們如何施力難。放鬆並不難，但是如果我們對放鬆有一個固定的概念的話，就不可能放鬆。放鬆不像施力，沒有固定的操作模式，我們根本不能像學習施力那樣去學習放鬆，因為兩者完全相反。

放鬆是我們本性，施力是額外添加的東西，理論上放鬆應該比施力容易，但由於我們世世代代活在「施力主義」的社會，學習放鬆反而難過登天。

對自己的觀察使我發現我為自己制定了很多框框，像是要如何做事才叫做好，如果答應了他人做某些事就必定要達成等。這些框框成就了我的事業，也令我在同行間有了這樣的口碑：我是一個有要求亦能把事情做好的人。我一直都為這樣的自己感到自豪，直到我常感到承受着無比壓力時，才發現因為制定了這些框框，我不斷鞭策自己，使自己辛苦不已，明明可以不把計劃的時限設得那麼緊迫，卻因為想用最短時間完成最多事情，就逼得自己睡不好、皮膚長暗瘡，無論用甚麼護膚品都沒用。

雖然我在做自己喜歡的事情，但因為這些無意設定的框框讓自己無法自然而然地生活，身心相安，就算做自己喜歡的事卻沒有空間去欣賞和享受。這些框框讓我活得太累了。我喜歡忙，但現在發現有點喘不過氣來。我是自己生命的主人，並不想生命就這樣度過。

當根據自己制定的標準來生活，在「我們要這樣做才叫做好」的「施力主義」想法下，很自然就會忘記原來的本質，也就是放鬆做自己的狀態。

做自己的關鍵

要做回自己，有兩個關鍵。第一要有覺知，第二要自我療癒。有覺知的意思是指察覺自己所想、所說、所做的背後是來自於自愛還是自害的能量，背後有沒有受情緒影響，行為背後的意圖又是甚麼。就像前面的分享，沒有覺知的時候會覺得鞭策自己是好事，有覺知之後才發現這個態度雖好，但太過度了。

有了覺知後，就要慢慢自我療癒。要療癒自己並不容易，因為盲點甚多，但最快的方法就是練習無條件地接受自己，對自己有同理心。這不代表縱容自己所有的不是，而是先接受，再選擇。

要發現自己的習慣能量並不容易，我們往往對自己最苛刻，發現哪裡不妥就想立即改好。可我們並沒有完全接納自己的不是，這個改進自己行為的背後帶着自我批判，變成我們是因為不喜歡自己而想改變，而我們的行為會肯定及加強自我批判的動力，故表面上愈改進，自我厭惡的感受也會愈強，我們就更想改變自己，形成一個循環。要把這個循環打破，我們就得先接納全部的自己。在包容自己、原諒自己之後，再去改變的時候，我們就不是因為不喜歡自己而改變，而是覺得可以有不同的可能性。

因此，在修行路上有良師益友的扶持非常重要。他們能幫助我們看到自己的盲點，得到他們接納，自己也會覺得安然。

接納的態度必須出自真心，就像你會知道你的朋友是否真心接納你一樣，如果他們假仁假義地接納你，你也不會感到舒服。只有出自真心的接納才能有療癒的效果，無論那是對自己抑或對別人。

接納的心沒有條件、沒有時限、沒有框框。

練習包容自己

每天練習用無條件正向關懷（Unconditional Positive Regard）及真心對待自己和他人，容許自己有情緒，給自己需要的時間與空間。要知道每個人與生俱來都懂得往光明處走，雖然這一刻他看起來自暴自棄，但要相信他在靈魂深處清楚自己的路，認識到每個人其實都在用自己舒服、適合的步伐來向光明處走。

當你感到自在時，看看自己渴望甚麼。把所有應該放在一旁，看看靈魂深處最希望做甚麼？

有個學生與我聊天，她哭着說女兒想移民，她很擔心卻沒女兒的辦法。她想尊重女兒的決定，但真的很不開心。在談話裡，這位媽媽發現她要是讓女兒移民，自己就要完全放下並開心地接納。我說：「眼看女兒離開自己，試問哪個媽媽不會擔心？擔心她一個人身在異鄉，如果有甚麼不開心、生病沒人照顧、一個人受苦也沒人幫忙，對嗎？」這位媽媽不斷點頭。透過交談，她學習到原來她可以尊重女兒，也可以容許自己有不開心的感受，當她容許自己有這些感受時，她反而覺得舒服得多，釋放得多。

我們每個人都希望被接受，接受的意思就是沒有絲毫改變地去接納，這是最讓我們感到愛的方法。愛能夠療癒一切，療癒就從接納開始。

打開自己的心

甚麼令你感到興奮？你的靈感在哪裡？當做甚麼時你有無比的熱情？

我們有感受，是因為感受有它的用途——把我們引領到真我所在。把心打開才能夠接觸外界，那做甚麼我們的心才會有打開的感覺呢？「開心」這個詞常被濫用，有很多讓我們開心的東西最後會讓我們把心關上。所以我會用「心開」一詞來形容把心打開、讓人回到屬於自己的領域的感覺。要做回自己，就要看看甚麼事情讓自己心開。

我們為了讓他人開心便把自己的位置放得很低，一開始可能會換來他人一點點憐憫，但漸漸他人習慣了，便會期待我們一直這樣對待他們。這樣日復一日卑微地為他人着想，自己開始覺得疲憊，也開始對他人產生怨氣，從而把心關上。你想想，這樣去為他人着想，到最後誰受惠了？我看不到誰在此狀況裡受惠。

再說，你覺得做自己喜歡的事成功率會高一些，還是做自己不喜歡的事情比較容易成功呢？

你內心的答案必會告訴你為甚麼我們要做回自己了。

當你有覺知地跟着心開的感覺去做決定時，未必會事事如意，你也會遇到不同意你的人。要知道做自己是對自己的交代，而不是為了得到外在的甚麼，只為讓心裡感到被愛、感到被聆聽。當你放下對選擇的期望做回自己時，你就開始發光，世界也會注意到你的光芒。

放下究竟是甚麼

剛才我們談到一個看似矛盾的概念：要做回自己，必須要放下期望。究竟放下是甚麼意思呢？所謂放下就是放下應該怎樣怎樣的標籤，因為這些標籤並不是我們的本質，放下標籤就能放下對事物應如何運作的想法。

試想想，蝴蝶為何那麼漂亮呢？牠們漂亮就因為牠們是蝴蝶啊。

但如果蝴蝶有人的思維呢？當牠飛舞時聽到別人稱讚：「你實在太漂亮了，你飛舞的姿態實在是完美無瑕啊！」蝴蝶聽後沾沾自喜，覺得要繼續努力保持最好狀態，同時在蝴蝶界公告牠們有「最完美的舞」，這時全部蝴蝶都被這舞蹈觸動。蝴蝶中的科學家開始拍攝蝴蝶飛舞的姿態、拍翅膀的角度，紀錄所有數據，計算飛舞時的最佳動作，之後蝴蝶教師開辦黃金比例飛舞課，全部蝴蝶紛紛趕着幫自己的小毛蟲報名，希望贏在起跑線。小毛蟲每天學的就是如何飛得漂亮、飛得高。等牠們長大成為蝴蝶，牠們努力把學到的東西運用出來，每天以最佳動作飛舞。但牠們太在意自己飛得好不好、標不標準，於是總會飛得非常不自然。這群蝴蝶原本已經很美，但她們最後卻變成美的概念的囚犯。她們以為已經在做自己，可是她們愈想做得好，卻愈遠離自己的本質。

這就是生命的矛盾之處。

儘管有智者告訴牠們：「你們已經擁有蝴蝶最好的本質，放下那些不屬於你們的包袱吧，其實放下很容易。」可那些深信完美主義的蝴蝶卻不明白為何智者說牠們沒在做自己，牠們覺得自己已做得那麼完美，這就是牠們應該做的自己。有些蝴蝶同意智者的話，覺得要放下讓牠們不自然的舞步，於是努力練習放下。儘管如此，第二種蝴蝶還是處於「我要改變」的觀念下去改變，跟第一種蝴蝶一樣，還是停留在自己設定的思想框框裡，他人看得很清楚，只有牠們看不到。

所謂放下就是放下「我們是甚麼」、「我們應該怎樣」的種種概念。像蝴蝶一樣，這些概念深深烙印在我們的意識裡，不是一下子可以剷除。但當我們看到自己如何被這些概念綁着時，我們也可以釋放自己。時間的長短就看你需要多少時間來看到了。

回到最自然的我

所謂「人在江湖，身不由己」，其實就是自己的角色開始控制我們。如果你發現生命並不如你所願，你可以看看究竟你為誰選擇了如今的生活方式？如果一直以妥協的狀態去生活，那我們當然只會換來妥協的結果了。

問自己，怎樣才感到最自在？做甚麼事讓我有最大的熱誠？有甚麼事情振奮我每一個細胞？

放下應該，讓自己回到自己吧。

第十七章　為自己做決定

自己做選擇

到診所做針灸治療，躺在那裡時聽到收音機播放一個有關投資的節目，有很多聽眾打電話到電台，詢問他們手持的股票甚麼時候應該賣、應該留守多久等。聽到分析員滔滔不絕地回答，提出他的見解，也提供了一些意見。我從來不投資，對這範疇一概不懂，但是當我聽這個節目時，讓我想起很多人會到處詢問他人的意見，例如問瑜伽老師：「我腰痛做甚麼動作好？」問營養師：「我吃甚麼皮膚會漂亮些？」問健身教練：「怎樣可以減肥？」問朋友：「老闆這樣對我，我應該怎樣應對？」問父母：「我應該與他結婚嗎？」等。

在教授師資訓練時，大家偶爾會談及一些比較私人的問題，也有學生問我一些「人生交叉點」的問題，如：我應不應該跟丈夫離婚？我的情緒很低落，怎麼辦？我應該辭職嗎？我應該告發朋友鬼混的事情嗎？

千變萬化的選擇

可是你想想，每個人有不同的做人宗旨，每個人的生命體驗不同，每個人性格不同，每個人的能力不同，所以每個人對事情的看法及承受力亦不同。就算大家遇到同一個體驗，由於「配套」不同，往往都會以自己認為「對」的方式去回應。因此，如果你只聽他人說他會怎樣做，自己就跟着做的話，你會遇到以下幾個問題：

一、就算決定相同，但用不同的心態去做，或在不同時候做，結果都會不同。

二、他人沒有你的感受，雖然聽從他人意見做決定較容易，但會因為沒有認識到自己的感受，使行為與內在感受產生衝突。這也常是最大的困難所在。

三、也因為情緒在中間作祟，就算理性知道要怎樣做，可感覺不在同一陣線的話，做出來的結果往往不如願。

四、如果你沒有解決底層的信念（請參考《成功背後的意圖》與《聽自己的兩種方式》兩章），光去改變表面的行為，你會因為背後的信念再次把自己拖回本來相信的東西。要知道是自己的信念和想法阻礙你，而不是行為。

五、如果選擇錯了，承擔結果的還是你自己，而不是提供建議的人。

好，讓我們仔細想想。先說說第一項，比如你跟合作夥伴心存芥蒂，朋友說可以跟他談談，有事好商量。那如何談呢？用甚麼態度談？說話技巧又是怎樣呢？應該今天找他談嗎？還是因為他家裡有事情要處理所以遲些再談呢？以面談、寫電郵、通電話的方式來談？你看，這已經有千萬個變化在其中。

至於第二項，比如你的朋友跟你說，既然與這個夥伴合作得不愉快，乾脆不合作。但他有沒有考慮你們一起投資了多久？有沒有考慮你們的友誼？可能對於你來說金錢算小事，你珍惜的反而是大家的關係。可能這夥伴不是朋友而是親戚，那你們的關係如何還會影響整個家族的和諧。就算你真的跟他翻臉，以後公司的業務監管、資金可能要你一力承擔。提供意見的朋友並沒有你內心的矛盾，所以他的提議對你來說到底多有用呢？

而第三項，如果知道丈夫外遇，有人選擇原諒，有人選擇分開。無論分開與否，當中很多情緒外人很難感受。要是提供意見的人根本不信任婚姻，覺得一個人生活最開心，他就會鼓勵你離婚；

要是提供意見的人很重視婚姻，或者他所信仰的宗教告訴他離婚會下地獄，他就會力勸你不要離婚。這些意見都黑白分明，沒有你的那些感受，只是根據他們的概念而幫你做的決定，對你有多少幫助呢？

再看看第四項，舉例你告訴朋友，自己的公司最近收到不少顧客投訴，讓自己懷疑公司的經營方向是否出了錯。朋友給你很多建議，說你可以先提升對員工的培訓及改良公司網站，讓客戶更了解公司的資訊。雖然這些意見很好，但你心裡其實一直擔心他人對公司的看法，覺得有心無力。問題不是公司要如何改善（當然那也需要），最根本的問題卻來自於你的想法，覺得所有客戶都要感到快樂，沒有投訴才算好公司。

從以上的幾個例子裡可以看到，困難來自自己的念，無論做甚麼決定，承擔的人終歸是你。難道你離婚後再後悔找他人幫你做決定嗎？沒可能。我們的視野很片面、很個人。當你問他人：「我應該做？我不應該做？」時，我們以為只要決定做得對就行了，卻忽略了最影響我們的是正在體驗的感受，還有回應底層的出發點。

就好像離不離婚一事，表面就是離或不離，但內裡的推動力可能完全不同。有的人選擇離婚是因為「我要給他一點顏色」——帶着報復及憎恨心態；有的是因為「我累了，不想再這樣繼續」——為自己健康着想。有的人選擇不想離婚是因為「兒女那麼小，不想他們不開心」——帶着為人犧牲的心態；有的是因為「我不知道一個人怎麼辦，年紀那麼大，我可以幹甚麼？」——帶着害怕及被動的心態；有的是「我知道他是一時犯錯，我相信他不是這樣的人」——帶着寬恕與信任的心。

決定背後會因為不同的能量或推動力而改變我們對事情的看法，影響我們對事情的體驗。當我們尋找適合自己的做法時，不可以只考慮表面上的做或不做，因為行為的後果也能帶來不同的感受。我們的身心健康往往來自心裡的感受，而感受形成了自身的體驗，體驗變成事實，對事實的看法又決定自己的感受，這個習氣的輪迴不斷轉動。

只靠他人提供意見，自己默默跟從的話，我們很難學習依照自己的感受而作出適當的決定。就好像如果任何事情都由母親幫我們準備好，我們就不會有機會學習自己照顧自己，那當我們要到外地讀書或成為別人的另一半時就不懂照顧他人了。事事都由他人為我們細心打點，我們反而會變得無能。那他人的愛到底幫了自己，還是害了自己呢？

聽過這樣的話：知道你肚子餓，與其給你一條魚，不如教你如何捕魚，這樣你就不需要再依靠他人，可以自力更生了。要真正解決難題，不是靠他人給予的一次性答案，而是要學習如何解決問題。

解決問題

不同選擇當中有不同原因，像是有人得知患上末期癌症便不願意接受治療，家人極力反對，覺得不應那麼消極，做治療才等於不放棄生命。病人卻覺得既然一生都為家人忙碌，沒為自己活過，現在知道時間不多了，與其把剩下的時間留在死氣沉沉的醫院，倒不如用積蓄去旅行，至少可以度過一段快樂時光。究竟誰對誰錯？其實大家都對——如果根據自己的角度來看的話。

但是，患癌的是自己，生命是自己的，承擔的都是自己，那還有誰比自己更適合做決定？問題是，這是有覺知、有智慧的決定嗎？還是來自於恐懼、放棄，是被情緒控制的決定呢？

當你還沒做決定時，先感受一下這事情給了你甚麼感受。它讓你覺得委屈？生氣？不被尊重？先回到自己的自然呼吸，觀察一呼一吸，讓自己的心安靜下來。可能你需要給自己半個小時、一天、一星期，甚至乎一個月或以上（視乎事情的嚴重程度），讓情緒靜下來。再問自己：我偏向做甚麼決定？不論做或不做，那選擇背後是一股甚麼力量？

決定可以來自愛，也可以來自恐懼。以下的圖表讓大家去思索及參考一下。

愛

- 得到領悟
- 心靈成長
- 走向光明
- 心得到平安
- 清晰
- 視野廣闊
- 自由

恐懼

- 怕他人的指責
- 沒辦法
- 我就是不行
- 委屈
- 黑暗
- 困苦
- 掙扎

如果你做的決定會為你帶來上面的感受，你就知道那個決定在那一刻屬於愛的決定；但如果它為你帶來下面的感受，或是因為下面的原因而做出決定的話，那你就可以再反思一下。

我們只能為這刻做決定

在這世界上沒有一個人比你更清楚你需要甚麼。他人的建議永遠來自他們的世界、他們的看法，無論他們多愛你、他們的意見多誠懇，卻並不能、也根本沒可能真正站在你的立場去為你想。正因如此，他人的意見永遠都不能保障你最大的權益與快樂，所以你要學習為自己做選擇。

有時你不踏出第一步，就不會看到第二步。有些人想得太多，第一步都未踏出就擔心第十步該怎麼走。世事像一塊大拼圖，新的機緣會因你的第一步而產生，這是還未走第一步時看不到的景象。每走一步，可以再做新決定，不要因為之前的一步限制了以後的路。我們有選擇的自由，就是為了不斷給自己進步的空間。以前這個決定是對的，可當機緣、條件改變後，同一個決定不一定仍是對的，所以不能以絕對的態度來分析事情。

世界上沒有「最好的選擇」，所謂的「最好」會因為不同的環境因素及個人想法而改變。如果你選擇的每一步都有覺知、有愛的話，無論最終能不能夠走到你想到達的地方，最後也不重要，因為你到達的地方就是最完美、最適合的地方，也是你「應該」去的地方。

第十八章 走出鹹淡水交接期

知道自己要的是甚麼

很多人問我怎樣開始瑜伽旅程，說來有趣，我從來沒有主動去找瑜伽，瑜伽練習或教學機會全都是「自己找上門」。教瑜伽超過十年了，回想起來，自己的風格一開始非常剛烈，要求每個動作都要完美，更被稱作地獄教師，而到現在引導學生用感受去找適合自己的練習，學習包容自己。雖然教學風格有很大改變，但我發現這些改變並不是自己刻意營造的。改變多數來自於心的感受及個人體會的昇華，比如我偏向跟隨讓我教得投入、覺得適合的那些感覺來教學。從外表看來我已經很成功，但坦白說，有時我也會遇到挫折。如今這個感覺又來探望我了。

當從某個層次進入另外一個層次時（層次只是不同，絕沒有高低之分），我會稱之為「鹹淡水交接期」，每當此時總會面對迷失、自我懷疑、不順利、做得不好等感受。

問自己我是否很喜歡教瑜伽？以前是。現在嘛，還可以。問瑜伽是否能讓我心動或振奮？我會說瑜伽現在比較像一個家人，而非令人充滿熱情的情人。這不是我第一次經歷人生的「鹹淡水交接期」，過去的體驗告訴我，每次它來襲時都視乎我有多順勢地跟着走。如果我愈順勢而行，我就愈會走到適合我的地方；當我愈抵抗、愈要執着於以前的做法時，我就愈辛苦。雖然兩種做法都會帶來不舒服的感覺，但順勢走的時候痛苦總會少一些，或維持得短一些。

這時冥想練習就是我的好戰友。自我懷疑的感覺及畫面不斷浮現，我需要好好坐下來感受這些不安，然後就會感覺到那個巨大的負能量變得比較受控。

當我去感受那些不安感時，我發現漸漸能夠分辨哪些是內心一直存在的不安，也就是從小到大都有的習氣；哪些是針對某件事情而產生的不安。我發現，大多數看似因為某事而產生的感受都與自己的習氣有關。

一開始感受這些習氣時，會發現它源自小時候的傷口。可當這些舊傷口慢慢療癒後，習氣卻還在。好奇的我嘗試深入感受和了解這些不安，才發現這習氣感覺非常陳舊，有種古董的味道，肯定不屬於這個時代。

原來恐懼或不安不一定是來自於現在這「鹹淡水交接期」，而是藉着最近的狀況帶出來的古老能量。怪不得佛陀說我們的業力如果不好好處理，就會「世代相傳」。這一刻我終於親身體會到了。

解開古老的結

當我把呼吸引導到這些古老的不安感受時，不同的影像、不同的訊息或語句重複在我腦海裡出現，像：為甚麼你們看不到我的好？為甚麼你們看不到甚麼是真正的好？有時還出現這樣的畫面：我本來是一個類似巫師的人，看到當時的國家快要敗壞，看到人們的無知，知道是時候作出改變，可是國民想聽到的當然是他們如何好，偏偏我卻說些不中聽的話，結果被關在地下室。在地下室裡，我反思又反思，非常不甘心。明明自己為他們好，說了實話，他們卻只選擇聽甜言蜜語。因為不甘心，我在地下室發瘋了，帶着憤怒、失望、害怕和恐懼去世了。

在冥想的時候，這些陳舊的感受往往會冒出來。起初我很驚訝，為甚麼自己會這樣想？為甚麼我會無緣無故那麼憤怒？當我接受這憤怒時，我開始可以細心感受這些痛楚。我發現原來這些情緒背後的這個人（無論那是不是前世的我）受了很多傷害，「她」是一個可憐的女人。然後我就明白為甚麼有時自己會因為某些事而那麼不甘心、無奈及憤怒，那些事對其他人來說甚至可能只是小事，原來皆因「她」受傷害了。

有時「她」並沒有走出來，我卻會被不知名的被遺棄感覺包圍。有時好端端的，一早起來就被這樣的感覺籠罩着；有時半夜被強烈卻完全不知為何出現的憤怒弄醒。可當我學會與這些感覺一同呼吸，感受它們在我身體不同的部位，在吸氣時引導呼吸到不適點，呼氣時放鬆，好好聆聽，往往過一陣子它們就會變得平淡了。

在「鹹淡水交接期」，一不小心很容易把所有的不好都攬在自己身上，特別是比較自卑或悲觀的人；又或者把所有不好都推給別人，特別是覺得自己勝人一籌的人。無論哪種，最後往往都是自己受苦。這時必須謹慎，以免把自己或他人拖入情緒地獄中。我發現當我解開現在情緒的結，以前的結也會浮現，希望被解開。當我容許這些陳舊的感受來找我時，它們就愈難控制我，我在生活上的心理困難也愈少，反而可以自由為自己的生命作出選擇了。

設想新方向

當情緒穩定下來，我會問自己：「先不想條件限制，如果你能夠做任何事，你最想做甚麼？甚麼事讓你心動？」

然後我會寫下一大堆天馬行空的東西：

- 不用瑜伽去標榜自己，成為幫助他人處理情緒障礙的「靈性顧問」。
- 只教我嚮往的課程
- 多提供個人諮詢服務
- 改變現在的瑜伽師資訓練課程系統，變成以靈性為主導，瑜伽輔助的課程。
- 課程不單針對練瑜伽的人，而是面向一般大眾。
- 透過了解情緒，學習做人之道及生命的道理。

寫完之後我會看看寫的內容，觀察一下自己會不會因為這些構思而有所啟發。如果我有被啟發的感受，那就是我真正想做的事；但如果我覺得那是應該要做的事，那就往往是來自邏輯思維的安全做法了。

當我有了新的方向，我會先讓這些感覺沉澱一下。有些構思愈沉澱，就有愈多新感受及新構思，有些沉澱一段時間後，就會發現自己並不是很有熱誠，我就知道那不適合我了。之後我會與其他人分享這些新構思，同時開始做準備功夫，看看第一步要怎樣走，之後一步一步地前進。如果我們處理好自己的情緒，理解自己的習氣後，慢慢就能透過熱誠去找回自己的使命。當你相信這份熱誠，生命的路就會逐漸在你眼前展現。

隨心而行

就好像我自從出了第一本書後一直打算再寫書，可想了很久都沒有頭緒，完全沒有方向感。找總編開會，她說我要清楚自己想要表達些甚麼。過了一年，寫了一些散文，傳給總編，卻一直沒有回覆，我以為她對散文沒興趣，覺得可能時不與我，書還是寫不成了，唯有繼續寫散文再看看吧。

有天總編給我傳來電郵，希望我們可以辦些活動，亦希望與我面談。我帶着好奇的心與她見面，她說希望我可以辦一些活動，看看我對甚麼有興趣。我告訴總編我對心靈與情緒處理方面興趣甚大，她聽到後也覺得可行，之後我順便問問第二本書，原來總編因為太忙，完全沒有時間看我之前寫的散文，我就趁機當面給她看看我寫的題材，她說很有趣。當我向她請教新書的大方向時，她竟然說：

「我不想設定一個方向去限制你寫的題目，因為這樣你很難發揮。」

「那我就隨便寫？甚麼都寫？不會亂七八糟嗎？」我問。

「不用擔心。寫好了，我們看看，我們有辦法。」

「好，我就隨興而寫吧。那我要寫到甚麼程度再找你呢？」

「如果你每篇寫三千字，那寫二十篇就差不多夠了。」

「那麼容易？」

「沒錯。年底給我可以嗎？」

「沒問題！」

原來事情沒有我想的那麼複雜，只要問就行了！總編提醒了我一件事：當我們創造新東西時，不要給自己任何限制，隨心而行才是最自然、最舒服的。

和總編見面後，我開始有很多關於這本書的新構思，甚至一些從來沒想過的元素。把構思寫下來後，我發現已經可以成為一本很吸引自己的書了。畢竟我的創作如果連自己都沒興趣，那一定不行，所以我的作品至少要令自己感動。

從瑜伽老師這條路一直走到現在，好像有個分岔口，我看到又有一扇門在等着我。原來當我好好與自己的情緒、感覺相處時，它們就能夠幫我少走一些冤枉路。

反思

知道自己要甚麼

有很多朋友或學生跟我聊天時都表示自己的生活、工作、人際關係均乏味、枯燥，並不開心。當我問他們甚麼會讓他們開心，他們卻說：「我不知道啊，我只知道現在不開心。」之後我就會問他們：「好，幻想有個燈神出現，他說如果在這世上甚麼都可以做，你想實現甚麼？」不怕想法天馬行空，儘管想想，如果沒有任何限制，有甚麼是你想做的？

我們經常想不到自己想做甚麼，是因為我們被自己對現狀「應該如何」的概念綁住了，所以無法跳出框框，用新思維去思考。我的問題就是希望你先跳出「我這樣不行，那樣不行」的框框，去想想你真正喜歡做甚麼。

然後很多人開始想類似的東西：

- 我想有個很開心的家
- 我想找到一份有好同事的工作
- 我想找到一份沒有那麼辛苦的工作
- 我想薪水高一些
- 我想與太太／丈夫和諧相處，不吵架。
- 我想不用工作，去旅行。

這只是一些例子。這些例子都是一些抽象、可以不斷改變的狀況。可如果我們只有抽象的想像的話，我們得到的就只有抽象的感受。在現實世界裡，抽象的東西並不能滿足我們，要真的感到滿足，就一定要具體知道你要甚麼。讓我們把前面的例子再「提煉」一下：

- 我想有個很開心的家↓我想與家人融洽相處，大家可以分享自己的想法。
- 我想找到一份有好同事的工作↓我希望與同事關係融洽，大家可以互相分享。
- 我想找到一份沒有那麼辛苦的工作↓我希望可以六時下班，工作量減少兩成。
- 我想薪水高一些↓我希望加薪百分之

十五

- 我想與太太／丈夫和諧相處，不吵架↓

我想與太太／丈夫和好，每晚回家都有話題，大家能打開心窗。

・我想不用工作，去旅行↓我想放一年的假，到歐洲不同國家工作旅行。

當我們「提煉」了想要的東西後，是否比較清楚了？現在再「提煉」一下，看看哪些屬於你能控制的範圍，哪些不是。如果你不弄清楚，你就會尋求一些你根本沒辦法參與的事情，這跟白日夢沒分別。在你的控制範圍內，列出你能做的事情，看看「提煉」後的結果：

・我想有個很開心的家↓我想與家人融洽相處，大家可以分享自己的想法↓我會練習每天跟家人分享自己覺得快樂的事，也會放下對他們的批判，細心聆聽他們的話；我還會開口稱讚他們，感謝他們為我做的一切，不論大小事。

・我想找到一份有好同事的工作↓我希望與同事關係融洽，大家可以互相分享↓我會一星期與同事吃兩、三次午飯，吃飯時不再自顧自地看手提電話，而會參與他們的話題、分享自己的想法，也會聽聽他們的心事，放下對他們的批判。

・我想找到一份沒有那麼辛苦的工作↓我希望可以六時下班，工作量減少兩成↓我會跟老闆提出聘請更多人手，同時告訴他我已經代替另外一個部門的同事工作近六個月，是時候把屬於另一個部門的工作分出來，不然會影響自己的工作質素。

・我想薪水高一些↓我希望加薪百分之十五↓我會列出過往兩年為公司付出的努力，並向上司提出加薪的要求。

・我想與太太／丈夫和諧相處，不吵架↓我想與太太／丈夫和好，每晚回家都有話題，大家能打開心窗↓我會跟太太／丈夫道歉，同時感謝她／他為家庭的努力付出，聆聽其苦處（無論我同意與否），並為了她／他讓步，以維繫我們的關係，找到大家都覺得舒服的解決方法。

・我想不用工作，去旅行↓我想放一年的假，到歐洲不同國家工作旅行↓我會先搜尋有關歐洲工作旅行的申請方式，再計劃明年哪個時間辭職最適合。

看完第三次「提煉」，你會發現一開始的抽象想法已經變成你現在就可以實行的事情了！

要實現自己真正喜歡做的事，我們必須同時兼顧念頭、感受和行為。有些人雖有概念，卻不覺得自己能做到，也沒有行動，因此不會成功。有些人覺得自己能做到，但是想法非常虛無，這樣做做，那樣做做，根本毫無方向，結果當然做不成任何事。有些人有概念、有感受，卻因為擔心這個，擔心那個，遲遲不行動，於是也做不了甚麼。有沒有見過不用行動就成功的人？有沒有見過不知道自己想做甚麼就成功的人？有沒有見過沒有熱情卻成功的人？我們沒有。可能他們的確經歷過這樣的時期，但他們最後的成功還是因為能平衡好念頭、感受及想法。

好，現在到你了。先列明你想要甚麼，沒有界限，甚麼都可以，然後像前面的方式「提煉」兩次，「提煉」完畢就在適當的時候行動！

我聽過一句很有意義的話：「訪問過很多

垂死的人，問他們人生後悔的事是甚麼。大部分人並不為自己做過的事後悔，反而為自己沒做的事後悔。」行動是你能夠給自己的最好的禮物，你會因此愛自己多一些，因為行動了你就不會後悔。我們不知道行動能否讓我們達到目標，但至少能讓我們的生命繼續前進，而不是停下來，甚至後退。

瑜伽有一個教誨是：於能力範圍內，放下對結果的期望，盡全力去做。

這樣就夠了。

第十九章 重新設定信念

改變想法

教了正念課程這麼久，我發現很多學生，包括從前的我，最希望從正念練習中得到的不是正念本身，而是希望那些不開心、不舒服的感受遠離自己。換句話說，比起了解生命智慧，處理不舒服的感覺更重要。

我記得以前會不自覺藉正念練習把自己從情緒中拯救出來，目的是保持身心平安，這樣就有信心繼續手頭上的事情。畢竟我教瑜伽及正念，自己也要有開心和平安的能量才有說服力。過了一陣子，我發現這個做法跟正向心理學、情緒管理等其他做法沒甚麼分別，都是打壓負能量，鼓勵正能量。我察覺到這種態度產生了一個副作用：我們會給練習加上一個標準——甚麼是對、甚麼是錯。

有標準不是不好，但當我們在意自己是否達標時，不達標就會產生負面感受，達標就容易沾沾自喜。正念練習本身沒問題，問題在於我們有多在乎能否達到標準。如果我們很在意自己是否「做到」，這態度反而增加了我們對不愉悅的厭惡和對愉悅的貪婪等習慣能量。這樣的話，我們只是用正念練習來衡量自己的價值，跟用身外物來衡量自己價值沒甚麼分別。換句話說，當我們愈在意能否達到目標，就愈想擺脫不愉快的感覺，人也會變得愈不快樂。如果我們的目標是離苦，也就在一開始認定了苦不好。有這樣的想法，我們很難不對苦事感到厭惡啊。

人生沒有既定意義

我從小開始不斷思索生命的意義，尤其在瑜伽和正念修煉後更甚。我常走到樹林，看着天空，問祂們，生命的意義在哪裡？生命的目的是甚麼？

在大自然裡，我發現生命只是不斷往前，盡力找空間生長、在適當時候做適當的事。我看到有些植物在最不為人知或者最難以預料的地方生長。對於人來說這些植物可以是勇敢非常、能人所不能；或者明知艱難也要嘗試，實在頑固。但除了人，自然界裡面每一個生物都沒有批判心，眾生都會用接納、好奇的態度面對生命。看到小種子在困難的環境裡生長，大自然會說：「因為機緣剛好配合，你就在那裡發芽吧，今天做今天的事，其他的需要應付時才應付吧。」就這麼簡單。每一棵植物、每一隻動物都會全力以赴，盡自己本分做到最好，同時不執着於事情的結果。在大自然中我發現：一切如是。沒有一定，也沒有好不好、應不應該，適合的就繼續生存，不適合的就會死去，成就下一個生命。

我們從小到大學習不同的標準，這些標準告訴我們應該做甚麼、不應該做甚麼。以下是一些角色與其標準：

角色	**生命宗旨／目的**
瑜伽老師	靈性修行
政治家	民主自由／愛國
母親	家庭和諧
父親	努力賺錢／家庭幸福

環保分子	拯救地球
人	好人
警察	保護市民

標準要能應用於所有人、所有場合，如果還有很多例外的話，就不能把它稱為標準。在以上的例子裡，一個人其實可以同時擔當很多不同角色。根據個人的經歷、家庭背景、社會氣氛，每人都有自己的標準，有時不同角色的標準能共存，有時則會有所衝突。我嘗試找出一些能夠應用於所有情況下的標準——一個絕對是對的標準，卻發現一個驚人秘密：人生沒有既定標準。沒有既定標準的話，就變成沒有既定的意義。

原來生命本身沒有既定的意義。

聽起來很可怕。如果沒意義，為甚麼還要做人？

我問我的貓，問樹林的樹木，問自然界的所有物種，牠們都沒有既定目標，卻繼續生活。因為活着就是為了活着。

有覺知的選擇

自然界絕對不會放棄，只要一天還有生命，牠們都會毫無疑義地努力生存。為了當下的生命，動植物很懂得調適，知道甚麼時候進，甚麼時候退。牠們也有情緒，但情緒不會影響牠們很久。而人類覺得自己是眾多物種中的王者，因為我們不只為生活而生活。人除了生存，還一定要有一個「目的」才能夠前進。於是人類窮盡一生都在追尋自己的意義，如果生命沒意義就會喪失推動力。試想一個國家、一個社會裡的人民失去了生命意義的話，整個國家都會垮。因此社會不斷給人灌輸不同形式的理念，讓我們抱着生命意義，繼續為社會、地球貢獻。

雖然我們覺得自己是萬物之王，但我們也有很多其他物種沒有的苦痛，這些苦痛多數來自對自己與生命的定義。只有我們需要比活着更好的理由才覺得生命值得繼續，否則我們會選擇放棄，甚至自毀生命。試問在過去數千年，有多少人因為感到生命失去意義而了斷生命？

我覺得活着要有個理由並不是問題，因為生命本身沒有既定意義。但問題是我們生存的意義究竟是有覺知的選擇還是無意識的選擇？是主動的選擇還是被動的選擇？大部分人無意識地任由他人為自己制定生命模式，把生命交由家人、老師、社會、外在知識等決定，很少人會問這些模式是否適合自己。

試想想：如果我不喜歡這一套，我可以隨時重新選擇，聽起來多自由、多暢快。

你可能說：「如果只選擇我喜歡的一切，我會選擇不上課、不工作，每天只喝汽水、吃零食，不做運動，不停玩電子遊戲，到處旅行。但這樣的生活不能長久維持啊。」

對，還有一部分沒說完。我們的選擇必須有覺知。前面提及的選擇來自於習慣能量，是由情緒操控着我們無意識做出來的。我們希望透過練習，有覺知地察覺推動我們選擇背後的能量來自愛還是恐懼。如果選擇受恐懼能量驅使，所做的行為只會產生恐懼及痛苦；但如果選擇來自愛，我們的行為及體驗就會產生愛的果實。

我們現在來看看如何通過有覺知的選擇訂下生命方向吧。

認識內在的天氣系統

要定立信念，首先要處理自己的情緒。

如果情緒不平靜，我們很難看到內在選擇的源頭，我們的覺知會被自己強烈的情緒感受蒙蔽。

就像天氣一樣，可把不同的情緒視為體內的天氣變化。體內的天氣就像外面的天氣一樣，本身沒有既定的好壞。有晴天，才能吸收空氣的水分變成雲而下雨，雨水的存在是因為太陽的緣故，雨天與晴天息息相關，缺一不可。情緒亦如是。有愉快的日子才會顯出某些日子枯燥、低沉；有不開心的日子就會讓我們更珍惜快樂的日子。雨水和太陽不分好壞，就像憤怒與平安都是內在天氣系統的一部分，它們的存在是為了平衡整個天氣系統。只要我們不歧視負能量，不偏好正能量，內在的天氣系統就可以很順利、很自然地找回平衡點。

之前我看過一篇報導，說若我們容許情緒順利通過，情緒一般只會維持兩秒鐘。你可能覺得很詫異：「沒可能！」那是由於我們很少容許情緒自然通過。我們覺得情緒不好，對它產生抗拒的心，因此拖慢了情緒通過的時間。當我們容許自己在一個不會對他人造成傷害的安全地方去感受情緒，它們的確可以消失得很快。可能需要多於兩秒，但可以少於幾分鐘（當然這視乎大家的修行）。

因此，當你面對不高興的情緒風暴時，先找一個舒服的空間，可以在大自然的懷抱下，可以是自己的房間，坐下來，深呼吸幾次，之後讓呼吸回到自然，觀察這個不快感受的體驗（有關練習細節請參考《照顧我們的情緒感冒》一章），容許自己不快。觀察的同時留意自己是否抗拒這個感覺，有的話，容許自己有抗拒的心。如果抗拒的能量比你之前觀察的能量大的話，先觀察抗拒的能量。換言之，先觀察最大的能量，當最大的能量離開了，再看次一級的能量。除了觀察，亦要把呼吸引導到這個不舒服的地方。但要記得放下對練習的期望，包括把這不舒服的感覺除去，以及甚麼時候能夠除去等的想法。

有時感覺變大、變強烈了也不需要介意，把感受視為不同的天氣變化，繼續保持開放的心，把呼吸引導到情緒能量所在的身體部分。就如你待在家裡透過窗戶觀察外面的風雨一樣去觀察自己內在的風雨。一直保持覺知，觀察情緒變化，直至你感到這強大的能量開始減弱、緩和，當你覺得舒服些，就可以暫時停止練習。

若如何努力練習仍感到情緒能量陰魄不散，我建議大家慢慢深呼吸，吸氣時維持大約三、四秒，只感受胸腔、肚皮的膨脹，吸到底後保持大概一秒，然後張開嘴慢慢用大約三、四秒把氣呼出來，同時把自己握得很緊的壓力、想法、念頭慢慢透過呼氣呼出來，如是者深呼吸三到五次。記得呼氣的時候容許那些不舒服的情緒離開自己。深呼吸幾次後，把覺知投放在新的對象，比如當下的工作，或聽聽舒服柔和的歌曲，或喝杯茶。

這個深呼吸練習就像汽車的煞車系統，使不斷纏繞自己的念頭停下來，溫柔地告訴它們：「我知道你在，但現在要安靜。」不是強行壓制，而是用接受的態度去撫平它們，再刻意把覺知放在當下，這樣我們就能訓練自己扭轉念頭。我們的習氣很強，故頭腦會有意無意把這些負能量抓回來，不妨多做這個深呼吸練習。記得深呼吸後要把念頭轉到新的對象。

考察情緒風暴背後的源頭

情緒平靜下來後，就有空間去查看風暴的源頭了。

之前說過，現實本身沒有特定意思，情緒的產生多數來自不接受現實而已。想法與現實不相符就會產生情緒，可事實永遠不會因為你的想法而改變，我們唯有調整自己對事實的錯誤認知。

從小到大，我們透過學習去認知外界事物。比如說，父母告訴我們不要碰煮食爐，否則會被燒傷；慢慢走不要跑，不然就會跌倒；還是小朋友時要聽話，長大成人就要有原則、有正確的道德觀，要上進、關心他人等。有些人十分聽話，亦有不少人嘗試挑戰父母、老師、長輩的教誨，做自己覺得對的事。這些叛逆的人往往因為不聽話而被懲罰。可就算他們多不聽話，漸漸也會在父母嚴厲的管束下屈服，在他人的影響下改變自己的信念。

我們與生俱來就希望得到認同、憐憫，就算不受父母管束，也會希望得到社會、朋友的認同而去做一些外界認同的事情。無論是「乖」小孩還是「壞」小孩，我們對於世界的想法和態度或多或少會受他人、書本、媒體影響，從而產生情緒。這些情緒只想告訴我們，自己的想法或信念與現實不符。

當我們用上述的深呼吸練習安撫情緒後，我們就要問自己：

一、我到底對「自己」抱持着甚麼想法／信念，讓我對此事抱有這樣的看法，繼而產生這種情緒反應呢？

二、在這件事（或類似事件）裡，「自己」的既定信念是甚麼呢？因為這個既定模式，所以我用了哪些特定角度去看事情呢？

我們的覺知一般停留在「覺得他人應該怎樣」而非「自己感覺如何」。原因是我們從小到大的學習方式便是：有問題，要解決，所以我們的想法通常都是對外的。我不開心是「他」造成的，「他」就是我要「處理」的「東西」。我們很少會想：「他」讓我有甚麼感覺？這個感覺屬於我還是「他」？如果屬於我的話，我要好好照顧這感覺，因為除了「他」，其他人或事也會令我有類似感受。

慢慢感受不舒服的感覺，你會發現這些感覺非常熟悉，因為感覺屬於你自己，他人只是把這個感覺勾起來罷了。他人不是問題的源頭，源頭來自於自己。

源頭在我們的信念裡。

舉個例子。我有位學生，在他小時候，家務由媽媽一人負責，在他記憶裡爸爸很少主動幫忙。他爸爸患有憂鬱症，常有自殺念頭。當他還在上小學的時候，有天收到消息，說他爸爸結束了自己的性命。年紀還小的他當時並不太了解這是甚麼一回事，只覺得一切來得很快。

這位學生長大後一直很努力工作，幫助媽媽及妹妹，他覺得如果他不努力，沒有人會看得起他，亦不會有人欣賞。因為他的勤奮，他在工作、家庭、金錢上得到不錯的成果，身邊的朋友也羨慕他的生活。

表面上他有自己喜歡的事業，與太太、家人關係不錯，也不需要為錢擔心。但有天他對我說：

「雖然別人覺得我很好，沒錯，我真的有很多他人沒有的東西，但不知怎的，我並不快樂，我覺得很累。」

他希望能夠活得快樂，於是我們一起發掘阻礙他快樂的原因。一開始他發現自己有很多憤怒，面對不公平的事情就會變成《變形俠醫》，大發雷霆。透過正念練習，他漸漸學會把呼吸引導到怒火之中，現在生氣的情況少了，但還會有不開心的時候。

我們再嘗試發掘不開心的源頭。我問他：「甚麼事情讓你很不開心？」

「當我無法幫助他人的時候，好像我自己做得不夠、做得不好，所以幫不了他人。」

「你覺不覺得你不容許自己沒能力幫忙、不容許自己有脆弱或疲累的一面？好像如果自己疲累或脆弱的話就沒有價值了。你覺得自己不可以脆弱。」

他聽到之後好像中箭一樣，說：「對！我不容許自己脆弱。」

「但你能否看到，因為你不容許自己脆弱，強迫自己繼續，反而令你變得更加脆弱？」

「對。其實我不想那麼努力，我很累，我不想每天都在臉書告訴他人我有多好、多開心，因為有時我真的不開心。」

這位學生設定的信念是：自己不能軟弱，軟弱的人甚麼價值都沒有。

當他終於看到這個既定的信念時，整個世界好像塌下來，但他容許這個脆弱的感覺存在，他呼吸到這個脆弱的感受，從而找到更適合自己的信念。

這位學生的辦事能力很強，他也十分有愛心，希望幫助身邊的人，故常幫妻子分擔。妻子雖然感恩，但覺得丈夫幫得太多，使自己失去獨立性，反而有點悶悶不樂。她覺得自己可以多做些事，這樣自己會更有信心和覺得更自由。這位學生透過練習，開始容許自己有休息的時間，容許自己不幫那麼多忙，有趣的是，他和太太都覺得舒服多了。

現在到你了。當你安撫了不舒服的情緒，看看在這件讓你不舒服的事情裡自己的既定信念是甚麼。記住，是關於你自己，而不是他人應該怎樣做。

當你看到這個既定信念時，可能有更多情緒反應跑出來，這時候你需要再次擁抱這些多年來被你壓制的感受，容許它們浮現，然後讓它們慢慢釋放。記住感受並沒有好壞，只是一個能量而已。讓自己與它們同在，與它們一起呼吸。如果你能找到既定信念與現實的矛盾背後的幕後黑手，你會發現這些信念有多無理、不真確。當你看清它的實相，就不會再被它控制，因為你不會再相信它。

當舊的信念離開了，你就可以有覺知地找新的、適合的信念來代替。

放下的階段會自然發生，你不能在你沒準備好放手前逼自己放手，這樣反而會帶來更多抵抗。

給自己多些時間、空間和包容，慢慢發現，安撫並釋放。

在選擇新的信念時，感恩的心會幫助你加強選擇背後愛的力量，所以下一步很重要。

感恩的心

如果我們只留意自己不好的地方，就會陷入低能量狀態。這個狀態本身沒有好不好，只是當我們以低能量狀態生活時，我們所看到、所投射的也會呈低能量，就算高能量出現，比如遇到貴人、有新機會，我們也會因為自己的猜疑而無法安然應對。當我們能夠用前面提到的深呼吸練習去擁抱自己的負能量，同時放下希望負能量離開的期待時，負能量往往就不會黏得我們那麼緊了。

此時，我們就要增強自己的正能量，做法就是看看自己的庫存裡有甚麼值得讚美或感恩的事了。要發光發亮，我們必須用自己已有的燃料，而非自己沒有的東西。其實我們擁有很多，但我們往往只看到自己沒有的，看不到已有的資源，當然會感到無助。

如一行禪師所說，我們設定了一些「開心條件」，覺得要得到某些東西才能開心，但其實這些條件反而成為我們得到幸福快樂的阻礙，甚至令我們陷入痛苦。當處理好自己的情緒後，把眼光從我們沒有的轉移到我們有的地方，你會發現自己不需要等將來達到「開心條件」才能快樂，原來現在已經可以很快樂了。

確認一下自己的優點和特質。如果你覺得自己是因為幸運才擁有這些特質的話，你很難好好運用這些長處，變成你沒給自己機會去發揮自己最強、最光的一面，這樣我們又何來自信呢？

試想想：

一、從一個新朋友的角度去看自己，這朋友會欣賞你的甚麼呢？

二、你有甚麼特質呢？把自己想像成唱片公司的經理人，你覺得你的明星特質是甚麼呢？

三、你身邊有甚麼資源呢？你現在擁有甚麼？如果失去甚麼的話你會覺得捨不得？

四、你身邊有甚麼機會呢？

可能你覺得自己甚麼都比不上他人，成就不比人好，或者只是比下有餘比上不足；可能你與身邊的人關係不是很好，所以不是很開心，但我可以告訴你一個肯定的事情：你拿着這本書在讀，就代表你有一顆想照顧好自己的心，你有覺知（沒覺知的話完全不會覺得生命有問題，更不會拿起這本書）、有反思之心，希望愛他人多些，是個敏感的人。

你可能覺得這些根本不是特質，只因你看不到這些特質能夠如何幫助你。就好像我是個非常認真、希望凡事做到最好的人，好的一面是從我手中出來的東西都有品質保證，反面就是我容易緊張、給自己很大壓力。若我只看到負面的話，就不能用這些特質來幫助我把事情做好。

所以，問題是你相不相信自己的特質。

多去練習看看如何透過這些特質來幫助自己吧。

容許一切自然發生

最近我非常忙碌，常常穿梭於不同城市，每個星期都要上課，不上課時也要再次確認下一個課程的主題和時間等，以免出錯。有時回到家，整個人累得連看電視的力氣都沒有。起初感到自己太累就會認為教學是一種負擔，但有天在瑜伽墊上練習時，有句話跑出來：「正因為你有那麼多人愛戴才會這麼忙。這不是你希望得到的嗎？只因為你希望事事做到最好，這個期望才讓你疲憊不堪。」當我認識到不是自己能力的問題，而是自己的期望不放過自己時，我選擇放下，容許自己放鬆些。那些疲憊的感受漸漸淡去，換來的就是無比自信和自愛的感受。

要知道每件事既有個人施力，外圍因素也會影響事情的成敗得失。就像出這本書，除了我要努力寫作，我還要有靈感，而靈感來自學生、教學經驗、以前的老師及書本的啟發。此外，我的性格、我所在的地方（如果我還在加拿大，我相信並不會遇到想聽我說故事的出版社）、年齡、認識的人、獲出版社欣賞的題材、第一本書（如果沒有上一本書的Stephanie，我根本沒可能寫出中文，因為第一本書，我必須學習打中文字）、不同書刊專欄的邀請、在台灣教學（讓我多用中文，以及認識中文語法）……因為這些因素，才造就出版第二本書的機緣。再看看這些因素，很多實在不在我個人能力控制範圍內。

我們認識到自己的能力後，就需要學習容許事情自然地發生。痛苦的情緒多數來自與事實對抗或者不接受現實。容許的練習並不代表我們對任何事默不作聲、任人踐踏，而是無論遇到甚麼事都先接受事實，再回應。當自己已經盡全力，就容許生命的河流自然流動，放下與事實對抗的心，才能騰出空間看到周圍的環境和局勢如何形成，亦能發現想像以外的機會，這樣才能幫助自己找到適合的時間作出最適合的決定。

成功的人不是能掌控所有事情，而是有慧眼看出生命河流的走向，繼而作出最適合選擇。當你容許自己隨着生命河流順勢漂浮，你漸漸會發現這個方法很省力，亦會讓你看到一路上如詩如畫的風景。生命漂亮的地方就在於每一個體驗，每一片風景。

每人都有不同的天氣及氣候

除了身體裡面每天有着不同天氣變化，由於家庭背景、身體狀況、神經系統的不同，我們也有獨特的氣候，就好像倫敦的氣候跟夏威夷的氣候就不同。倫敦每天下着毛毛雨，有大霧，這不等於倫敦不好，而是由於倫敦的地勢環境形成獨特的氣候。有些人每天一張開眼睛就處在如倫敦的氣候中，無論如何努力都活在這樣的氣候裡。而有些人每天都很開心，因為他有着如夏威夷般陽光燦爛的氣候。若這兩個人住在同一屋簷下，有着倫敦氣候的那位很容易就會責怪自己為甚麼不能開開心心，而有着夏威夷氣候的那位就會不明白為甚麼對方總是提不起精神，是不是自己不夠好。

試想想，如果你身在倫敦，你不可能明明看着大霧、密雲、有點冷的天氣，卻假裝那是和暖的晴天，然後穿着跟外面天氣完全不同的衣服吧？這未免太抽離現實。同樣若你一早起來發現心情不如你所願，其實沒問題，問題是當你愈去裝沒事，你就愈壓抑自己面對的現實，同時愈壓抑自己的情緒。

當你認識到原來倫敦的氣候沒問題，不比夏威夷的氣候差，你就可以漸漸享受倫敦的天氣，同時尊重他人與自己不同的氣候。

有人會問：「我已經在夏威夷了，為甚麼還要練習？」

到目前為止你一直享受着夏威夷的氣候是因為你比較幸運，在家庭、事業、財政、身體方面都一切順利，你有快樂的條件，當然容易快樂。試問有誰事事順利時不開心？但是佛陀告訴我們，人生有些苦不能避免，比如你一定會生病（不能控制身體），一定會遇到愛你的人離開，一定會老去（身體失去功能）及死亡。當你遇到這些事情時，你覺得你還能很開心嗎？很難。我們都會面對失去快樂的條件的時候，因此，為了未來必定遇到的苦痛而練習，你覺得這個答案足以推動你去練習嗎？

冥想

【冥想練習】

每天醒來時，可以好好做一下這個練習，認識到今天的內在天氣，好好與這個天氣同在。

找到合適的坐姿，閉上眼睛，頭一兩分鐘先留意肚皮或鼻孔的自然呼吸，讓自己的心慢慢安定下來，專注於呼吸上，放下對練習或自己的任何期待。

然後慢慢把覺知開放到整個身體，感受身體容器。自然吸氣時，留意身體容器的形狀，呼氣時讓身體容器的表面放鬆。如是者練習幾分鐘。

繼續留意自然呼吸及身體容器的感受，吸氣時感受身體容器內（或包圍着身體）的氣氛，就好像每個天氣都有一個氣氛，不用標籤它們，把這個氣氛看成一種能量。在自然呼氣時容許自己放鬆，可以的話容許自己身體每個細胞都接受這樣的氣氛。

留意自己會否把這個感覺概念化，嘗試只把它視為一股能量，這樣我們就可以放下分別心。因為有分別心，我們才會「拖延」這股能量度過的時間；也因為分別心，我們才會覺得有這樣的感覺代表自己好或不好，而這個「好不好」影響了我們給自己設定的角色。當你學習把內在天氣視為能量，你就會比較容易配合當天天氣來生活。

建議練習二十到三十分鐘。冥想後慢慢給自己按摩一下，感謝自己接受並關懷自己。

五、

——認識真愛

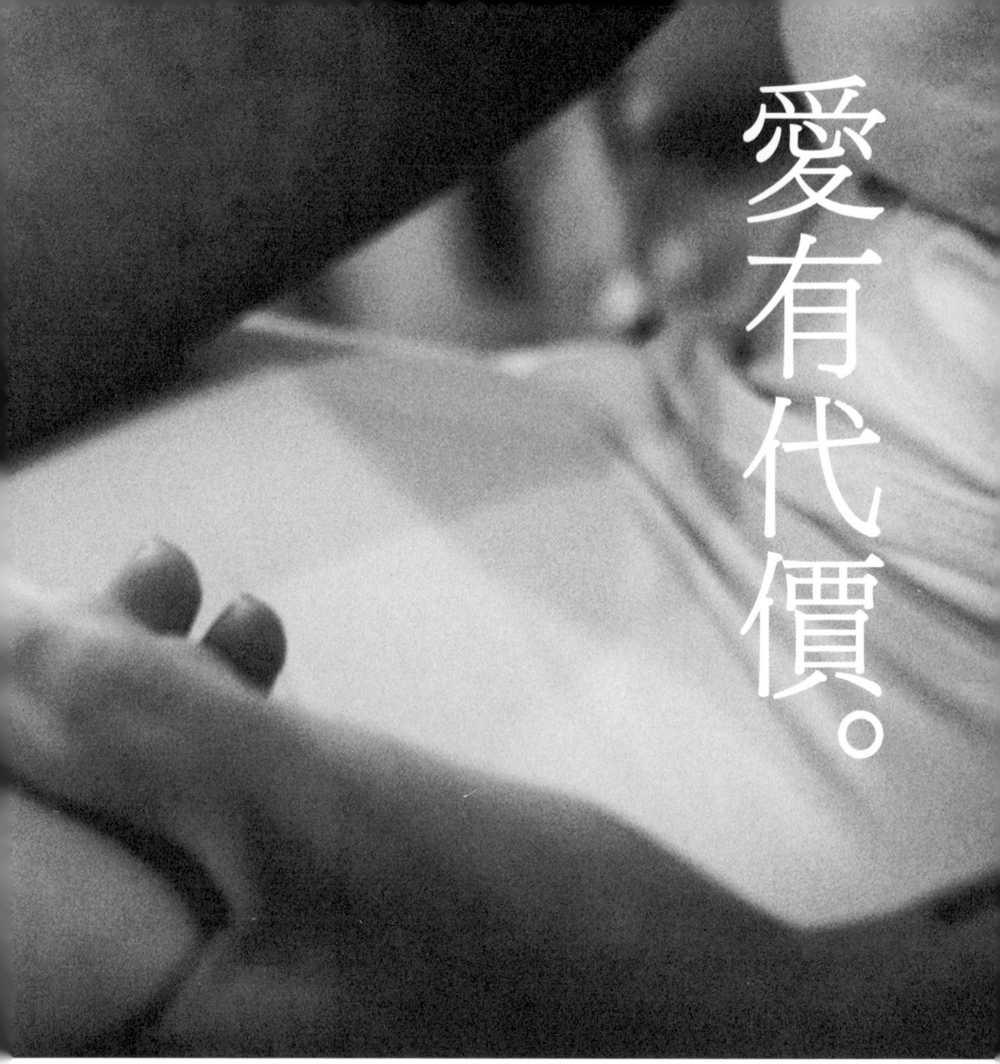
愛有代價。

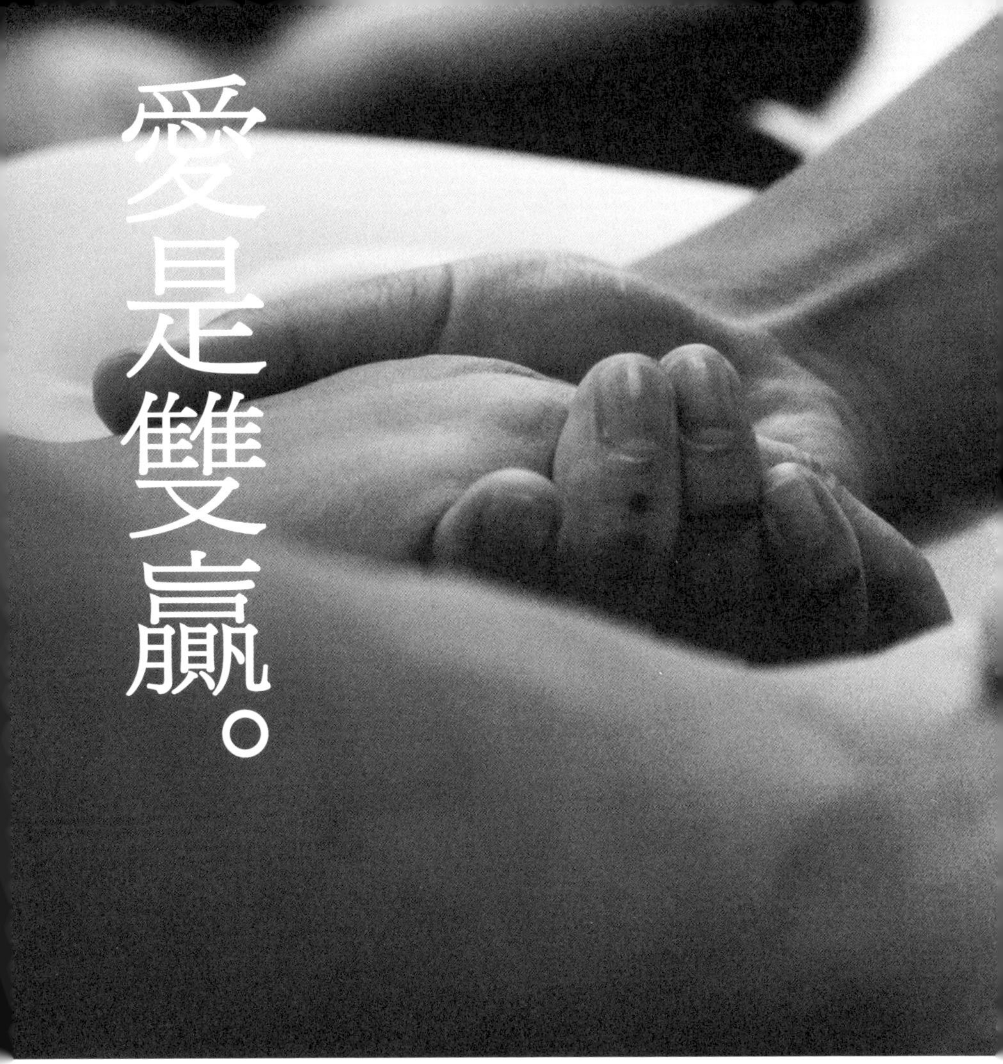
愛是雙贏。

第二十章　愛的失與得

找回愛

早前得到一個很震撼的生命領悟：我看到的所有，包括外相、工作、想法、過去、將來等，都是虛幻。我看到世界的能量像蜘蛛網般連接着，因為有此所以有彼，但沒有任何一樣有獨立、恆久的本質。我不知道那是甚麼境界，唯一能描述的形容詞就是「空」，如佛家所說之空性。

我發現生命和世界本身沒有既定的意義，意義是我們自己定的。所有的定義，包括好、不好、差、優越、偉大、自私等只是我們的概念。當我在每一個細胞、生命的每一秒、自己或他人的每一句話、周圍的事物、每個不同角色都看到生命的「空」（也就是沒有既定意義）的時候，我便能放下執着。辛苦地達到某個目標跟無法達成，當中的好與不好完全是自己的概念，兩者本身是「一樣」的。放下執着後，我亦比較容易做回自己。

因為不介意結果，所以開始跟着自己的心去做事，只做自己覺得適合和幫助自己達到最高真善美的事，同時婉拒那些自己覺得不適合與不舒服的事。表面上事情變得愈來愈順利，也愈來愈能吸引跟自己頻率差不多的人或事，的確讓我有些詫異。原來放下對結果的期望，再加上努力，就能吸引適合自己的人和事，原來是這樣運作的。也由於真的很不在乎，因此連很高興的感覺都沒有。世上所有事情都一樣，有時會來，有時也會走。就算機會不再我也沒有太大所謂，繼續順着走就是了。

這樣過了好一陣子，我發現雖然在做自己喜歡的事，心卻不像以前那麼容易開心。不開心是少了，但連開心也少了。能做自己喜歡的事不是應該興奮嗎？沒有。不能做自己喜歡的事不會不開心嗎？也沒有。我漸漸發現，自己好像沒有甚麼感覺了。

麻木的生活與不吸收的身體

在他人眼中我有非常好的生活：能做自己喜歡的事，不用為了錢擔心，自己決定工作日數、時數，與丈夫及家人關係親近……但自己的心好像從正常生活裡抽離了，不但對他人的生活，我對自己的生活好像也愈來愈沒有感覺。我彷彿過着有兩個層次的生活：外表看來很正常，日常生活和以前一樣，但內在卻好像麻木了，對甚麼都沒有太大感受，有點像心死去了一樣。

我不敢告訴其他人。

我以為是因為接了太多工作，所以生活變得乏味，於是推掉不少工作安排。我也留意到自己在「空」的體驗後體重有減無增，這對於已經很瘦的我來說實在是危險訊號。我很擔心體重問題，因此開始留意究竟體重減輕是來自於食物還是甚麼。我嘗試多吃東西，也試試打破吃素的習慣，開始吃一些動物蛋白質，但試了好幾個月後，體重還是有減無增，讓我實在擔心。

有次受到朋友邀請，試試他們新買的探測經脈儀器，看看自己的健康狀況。那次探測的結果跟我平常看中醫時得到的資訊差不多，我的朋友說：「基本上就是身體營養不足。」於是我知道，體重問題與我吃了甚麼無關，而是我根本不吸收。

身體的毛病可以源於身體本身出了狀況，但如果問題根源來自情緒或想法的話，就算在身體層面已醫治好，毛病仍會再回來。我知道身體不吸收的問題並不是來自身體層次，而是更深層的情緒。我在冥想時問自己的身體為甚麼不想吸收，她告訴我：「因為你覺得不需要他人及外界幫助，你覺得靠自己就可以了。也因為這樣，所以你不會吸收外界的東西，也包括食物。」

這跟我無法接受愛相同。在「空」的體驗前，我看似懂得接受愛，但現在好像又不懂了。再問自己為甚麼在「空」的體驗後不能接受愛，她的回應是：「如果所有東西都是一個概念，愛也在其中，從認識到一切都沒有既定的概念起，我就不再相信愛了。」

對，在「空」的層次裡愛也是一種體驗、一個概念，可我發現，當沒有愛的時候，所有感受都會變得麻木，而麻木這種感受沒有任何生命力。

愛帶來希望

我開始認真思考「愛」這門學問。若在麻木的狀態下，希望透過幫助人而重拾愛的感覺，那必須有無條件的愛才能滲透麻木感。我虛心地問蒼天甚麼是愛，如果「空」是實相，那「愛」又應該在甚麼位置？很有趣，當你誠心去問，答案可以不同形式出現。一天後，因為要到日本教課，就在飛機上看了一齣電影，而第一個答案就在這一齣電影裡呈現出來。答案是：對，雖然愛只是一個概念，但在這個世上若沒有愛，就沒有希望；沒有希望，就很難有活着的目標。如果沒有愛，生命的所有能量都會被吸走了。

我記得一行禪師說過，希望我們說的每一句話都能夠滋養、療癒及增加他人的希望。我終於明白，希望對於一個人來說多麼重要。沒有愛就沒有希望。

原來概念不是不好，我們要懂得利用概念。很感恩學到這麼寶貴的一課。

從歸屬中找到愛

過去三年每次我到外地教學，有八成時間都睡不着。你問我痛不痛苦，我不覺得痛苦，睡不着就留意不能睡的感覺。但我這次到日本上課，明明很累，卻不知道為甚麼整個身體好像有很多能量在通過一樣，無論用甚麼方法都睡不着。

我問蒼天：「請告訴我為甚麼我老是睡不着？」隨即答案就出來了：「因為沒有歸屬感。」

這個答案讓我感到非常震撼。對，我經常飛來飛去，每次到不同國家時，心態上都覺得自己是個過客，因此一直沒有歸屬感。之後我坐起來冥想，感受自己的身體，容許身體漸漸融入日本這塊土地，然後我感到舒服多了，還有種被支持的感覺。更有趣的是日本這塊土地對我說：「如果你不覺得自己屬於這裡，我這麼大的能量就只能通過你了。你一直都覺得很不舒服是因為你沒有接受我，當你接受了，你就開始懂得接受愛。」我感到很感動。這是有關愛的第二課。日本的土地希望我把這個訊息帶給當地的學生，我說：「好，沒問題，但如果你要我傳達的話，就麻煩你幫我把班上的人數填滿。」我感覺到「好」的回應。

當天下午去橫濱瑜伽展教授一節瑜伽課。本來那節課有很多空位，但上課的時候居然來了一百多人，超出原本的上課人數。我依照日本土地的意願，把我從祂那裡學到的愛的課題與日本學生分享。這次的課程讓我再次感受到無比的愛，不論是從我身上還是從學生那邊散發出來的愛。之後我的翻譯也說：「Janet，我感受到你的課有很多愛啊！那份愛大得讓我幾乎忘記要翻譯。」

我找回愛了。

在這世上，愛為我們帶來希望，希望為生命帶來動力。而要感受到愛的泉源，我們必須要讓自己有歸屬感。無論對這塊土地、這個家、這段關係，還是這個身體，找到歸屬感，就能找到愛。

瑜伽、反思

【瑜伽練習】

要找回愛，我們得認識到自己是何等幸福。

當我們一直在計算自己沒有甚麼、自己如何不夠好，我們的信心也會愈來愈少，對自己的懷疑則變得愈來愈多。試問在這個想法下，我們又怎能發揮得好呢？就像你覺得自己不值得被愛，哪怕面前出現了非常愛你的人，你也會因為猜疑而覺得他一定要佔你甚麼便宜、想騙你，當他得到他想要的就會離開。因為猜疑，你根本不會接受他的愛，更遑論享受，你反而會把他從你的生命趕走。

愛需要學習如何灌溉和耕耘。在瑜伽體系裡，有一個能量點在心的位置，稱為心輪。心輪像一個輪，在心的正中央而不是心臟靠左的位置。當我們為了避免受傷害而把心輪關起來的時候，我們同時也不能夠讓愛進來，這時我們往往覺得孤獨無助，好像全世界只有自己一人努力奮鬥，長此下去，我們必定會覺得生命讓我們疲累不堪，覺得沒希望，甚至想放棄。當我們無法感到愛的時候，可以讓宇宙的愛幫助我們。我們覺得自己沒有人幫忙才會更加孤獨無助，打開心輪有助我們再次把心敞開，這樣我們才能夠接觸外界，讓他人幫助我們，也讓愛流動。

開胸式 ※

輔助工具：一到兩塊瑜伽磚，沒有瑜伽磚的話可用厚抱枕代替。

進入動作：先把一塊瑜伽磚以中高度橫放的方式放在肩胛骨下方位置（見圖），保持磚塊在上述位置，然後慢慢躺在地上。在頭還沒着地前再次確認磚塊在肩胛骨以下，而非肩胛骨正後方，慢慢放鬆上半身，頭往下垂。如果頭可以放地上的話很好，如果頭與地面有段距離的話，請把另一個瑜伽磚放在頭下方承托頭部。

※開胸式（顯示瑜伽磚擺放位置）

頭幾次練習這個動作時會帶來一些新的「奇怪」的感覺，你可能會覺得胸部、脖子前側不舒服、有拉扯感。那是因為日常生活裡我們並不會做這種姿勢，有這樣的感覺很正常，只要感覺是你可以接受的就可以了。如果不能接受，先慢慢呼吸十次，在每次呼氣時放鬆身體，看看呼吸後情況有沒有好轉，沒有的話你就可以考慮把胸後方的磚塊從中高度變成最低的高度。如果這時頭已經能放在地上，就可以移走頭部下方的磚塊。

安穩地躺好後，上半身、腰部、腿部及手臂往下放鬆。如腰部感覺太強烈可以把雙腿打開些，如果仍不行的話就降低背部磚塊的高度。雙手可放在身旁，T字形打開，或以O字形舉高放在頭部旁邊。不同的手部位置會影響胸部

※ 開胸式

的伸展程度，伸展得太厲害也未必好，總之你覺得適合、可以自然呼吸、有挑戰但又不會造成壓力就可以了。

動作中的練習方式

當我們做這個動作，打開心輪時，感受心的感覺，自然呼吸，當吸氣的時候幻想宇宙大愛的金光充滿胸口；呼氣時容許自己放鬆、放軟，讓宇宙能量支持你，把不需要的控制、壓力、緊張慢慢呼出去。這樣持續呼吸，感覺金光漸漸滲透整個身體，同時讓心感到安全，再開放一些（但如果沒覺得安全就不要強迫自己）。不需要過分猜度、不需要用邏輯去分析，明白這個過程只是讓自己好好放鬆、感受就夠了。有時感覺很強烈，有時感覺並不明顯，這也是可以的。

練習約五分鐘。完成後移開磚塊，安然地躺在地上，好好感受能量如何重組、調整。這一刻你可能會覺得不舒服，盡可能保持放鬆不動，把呼吸引導到需要的地方，觀察身體和能量如何幫助你慢慢調整與平衡。休息後慢慢起來。有需要的話可以前後左右扭扭腰，放鬆脊椎附近的肌肉。

【感恩練習】

這個練習是從《The Magic 魔法》一書學來的，當我真心練習感恩時，一切就會改變，彷彿能夠從無看到有，從無助感到周圍滿滿的愛。

用筆或電腦記下在你人生中十項感恩的事情。如果有一本特別的筆記簿就寫在筆記簿裡吧。記下感恩的事情，同時記下感恩的原因。比如說：

- 我非常感恩能夠＿＿＿＿，因為＿＿＿＿。
- 我很開心和欣慰有＿＿＿＿，因為＿＿＿＿。
- 我很感激可以＿＿＿＿，因為＿＿＿＿。
- 我真心感謝＿＿＿＿，因為＿＿＿＿。

感謝甚麼都可以，比如感謝恩師幫忙、朋友幫助、家人支持、有錢用、有工作、有食物、有房子住、有健康的身體等。當你愈感恩，你的能量也會提升，還會讓幫你的人幫得更開心、更情願。當寫完十樣事情後，在心中默念或誦讀這十項感恩的事，每念完一項就後面加上：

多謝、多謝、多謝！念的時候愈有感恩之心，你提升的能量就愈多。但記住，發自真心的感謝很重要。

做完練習後，如果你感到自己變得比較輕鬆、開心、愉快，就表示你發自真心感恩了。如果不行也沒關係，繼續練習。起初你可能會覺得自己假仁假義，畢竟從來很少真心感恩，覺得事情來到是必然的，但繼續練習，每天練習，你就能發自真心地感恩了。

這個練習對我的幫助實在太多了。它令我從憂鬱中走出來，見回太陽。如果我可以，你也可以！

第二十一章 快樂就是那麼簡單

珍惜現在

我今天很快樂。

平時很少跟人說自己有多快樂，但今天我打算說說我的快樂。真的很快樂，實在不說不快。

今天的快樂發自內心。很難說是甚麼讓我覺得開心，心自己開了，好像近來甚麼事都能夠讓我微笑，有種祥和、幸福、安定的感覺，好像知道一切都會順利。但如果真的說，以下是我今天快樂的原因：

- 感謝弟弟從越南帶回來的咖啡。我從小很少與弟弟有很深的交流，這咖啡對我來說特別有愛的感覺。

• 感謝有時間在家裡沖一杯越南咖啡喝

• 感謝可以與傭人分享我的咖啡，看到她喝咖啡時開心得像個小孩，我也很開心。

• 可以隨心所欲地在這裡與大家分享，很開心。

這些原因看起來好像沒甚麼特別，所以很難跟他人說我的快樂，因為懂的人很少。有些人可能會說：「沒有不幸的事情發生的時候，誰都能感到快樂。」我同意。不過如果你問我是否事事順利，我會告訴你，絕對不是。以下是一些我不太如意的事情：

• 今年師資課程收生人數比過去一兩年少得多，能不能開班都成問題。

• 我敬愛的公公上星期去世了

• 在台灣教完兩星期的師資課程，回港後丈夫卻因為要參加種植課程，我們又要分開五天，這個月見面的時間大概只有一個星期。

• 左肩膀有個傷患，已經隱隱作痛一個月了，現在打字時也能清楚感到左側的緊繃與痛楚。對，我也有不盡人意的事，但今天還是覺得快樂。

很多人跟我說，「我看到你常常面帶笑容，一定很幸福，真羨慕你。」其實我想說，與憂鬱的感覺拉鋸了十九年，我曾有很多年忘記了快樂的感覺，現在的快樂也是一絲一毫慢慢學習回來的。

很多人覺得快樂是一個決定、一個動作，但我覺得快樂是一種感覺，並不能做出來。就好像沒有所謂的「快樂按鈕」，一按就能得到快樂。快樂就像睡覺一樣，不是靠「做」出來的。當你失眠的時候，愈嘗試睡就愈睡不着。你可以有很多不同的助眠方法，如在睡前遠離電視、放下工作、泡澡、喝溫牛奶、點薰衣草香薰油、聽舒緩音樂、做陰瑜伽等，但就算你全都做了也不一定能睡得着。因為睡覺並不是一個決定，不能「做」出來，只能自然發生。有就有，沒有就沒有，就這麼簡單。

快樂也是一樣。我們可以做很多讓我們快樂的事情，但到最後有沒有快樂的感覺，是表面快樂還是內在快樂，快樂能維持多久等，都不在我們的控制範圍。

快樂要練習

教授師資課程時我常說：「你練習甚麼，你對那練習對象的掌握就愈好。簡單來說就是你練習甚麼，你就會愈熟練。」留意那些很頑固的人往往都是老人家，他們年輕時都有某程度的固執，年紀愈大就愈固執了。因為他用畢生來練習「頑固」、「堅持己見」，到老的時候當然「修成正果」了。

如果頑固能夠練習，快樂也一樣能夠練習。快樂像種田，先要有種子，之後要懂得播種，知道快樂種子需要甚麼養分，給它營養，結了快樂果實後，我們吃了果實，還要留下種子，這樣才能繼續耕種快樂果實。

要感到快樂，就要懂得感恩。在《愛的失與得》裡與大家分享了感恩練習。我們常忘記感恩，又或者覺得不感恩也沒問題，所以不去理會，只管理還未「搞好」的範疇。可是若我們只關注沒有的東西，不知不覺就只看到沒有的，漸漸很難看到我們有的東西了。

努力爭取、改變，這個態度可以幫助我們積極向上，爭取能力範圍內能得到的東西。可是當這個態度變成「唯一」的時候，我們便看不到生命的繽紛顏色，只能看到灰色，憂鬱、壓力等不同的身心問題就出現了。

明白阻礙你快樂的原因

一行禪師說過，我們認定的那些讓我們快樂的條件，正是阻礙我們得到真正快樂的原因。想想你覺得你要有甚麼才能快樂？有時候我們覺得一定要有穩定工作、薪水有多少、家人和諧、身體健康、有錢等才能快樂。換句話說，現在不能快樂。可見我們的快樂其實不在自己的掌握中，而要依靠金錢、他人的憐愛、老闆的推崇、他人的認同，才有快樂的資格。那我們其實是為誰而活呢？

再試試寫下你覺得成功的人需要具備的特質。

可能你寫下一大堆想像：開心、有穩定而喜歡的工作、家庭幸福、身體健康、聰明、有智慧、有錢……好，那我問你，你認為甚麼時候可以說是開心？開心的標準是甚麼？如果能畫出一條非常具體的開心界線的話會在哪裡？你甚麼時候知道自己過了界線，甚麼時候沒過？很多人說，當我得到我要的就會開心，那請問你有想要的東西的清單嗎？當你完成了清單，你想要的清單不會更新嗎？如果清單會改變，就表示達成後它並不會如你所願，給你恆久的快樂，也就是那清單沒用。

如果你說有穩定的工作，請問穩定的定義是甚麼？是指朝九晚五嗎？如果工作穩定也表示它會一成不變，沒有任何難度，沒有升職機會，這又是你要的嗎？這是你所謂的穩定嗎？

至於家庭幸福的定義又如何呢？你說希望不吵架，那沒話說可以嗎？你說要很融洽，你覺得大家每天都會很健談嗎？有沒有考慮到每個人的心情都會因自己的工作、社會的氣氛、朋友的關係而改變呢？幸福的意思是細水長流嗎？但有些人會覺得這樣很沉悶。對於幸福，你有清晰的定義嗎？有的話，幸福的界線又如何劃呢？

當你這樣一樣樣仔細思考，就會發現你所追尋的東西沒有一個真正能「達到」的點，你以為到了，這個點又會走遠一些，當你再一次接近，這個點又會再走遠一些，就像驢子面前的紅蘿蔔，永遠都觸碰不到，只想引你往前走。聰明的人該知道自己是不是這驢子，這樣尋找快樂有沒有把握。

如果這些定義的確不實際，那為甚麼還要為此擔憂呢？

大部分不快樂來自比較，與他人比較、與以前比較、與幻想的未來比較等。但有沒有考慮過你在跟他人比較時，他人有的條件你也有嗎？比如說你們的性格、長相、家庭背景、人緣、做事方法等都是一模一樣的嗎？當你每個條件仔細分析後，你會發現沒有哪些人能夠有一模一樣的條件，每個人遇到的機緣差不多可以說是獨一無二的。如果是這樣的話，那比較會幫你還是害你呢？有用還是沒用呢？

好，不跟人比較，就跟自己比較吧。可如果跟以前的風光日子比較，那以前讓你風光的條件跟現在一模一樣嗎？如果那些機會、社會思想、自己的心態、家庭架構、年紀、健康、金錢、勇氣等不一樣的話，那沒發生同樣的事情也正常，不是嗎？可能你想要重新建立以前的條件，但有很多條件也需要外界配合，這你又能做到嗎？如果不行的話，那跟以前的自己比較，這些條件能讓你更加留意屬於這刻的獨特機會，還是會讓你錯過呢？

如果跟將來比較，那從你過去的經驗來看，你有哪一刻能夠完完全全準確地預算將來呢？回想以前，有沒有哪次你能完全成功地預計所有會發生的條件，包括外在環境、他人的反應？如果不能，那為甚麼要浪費時間在一些不準確的比較上？

快樂在這裡

當你撇除與他人、過去和未來的比較，你剩下的就只有當下。與其在幻想世界裡花那麼多力氣，倒不如把這些力氣放在比較能控制的當下吧。當你拋下比較這包袱，你會發現無論現在擁有多少，也已經擁有很多了。練習感恩，看到自己擁有的，才知道如何好好應用自己的才華和資源，把能力發揮到最好。也是因為這樣，你才能看到原來自己多麼幸福。雖然工作不算非常出色，至少你不討厭這份工作；雖然老闆不是自己的好朋友，但至少他處事分明；雖然老闆不好，至少你還有一份工作；雖然與父親關係不太好，至少不是孤兒；雖然沒有很多錢，至少還可以選擇想吃的東西，不用擔心沒有飯吃；雖然去不了海外旅行，至少還可以到海灘散心。

有些人會覺得這些想法很被動消極。但如果你只看到你沒有的，看不到自己有甚麼資源，又怎能好好利用呢？

當我們看到自己有的東西時，我們的能量才會變大，這樣我們的力量與自信也相對變大，成功的機會當然也會增加。但如果我們只看到自己沒有的就一定會萎縮，萎縮是指我們只會看到自己的小，也會因此失去能量，變成受害者。受害者是最沒有能力的，所以感恩的時候其實是發現自己力量的重要時刻。

話雖如此，很多人腦子裡知道自己擁有甚麼，但當他們去練習感恩時並沒有感恩的感受。在感恩時欠缺感恩的心的話，底層的認知還是只能看到自己沒有的，所以你發現做這個練習幫不到了自己。此時就需要認識到自己心底的信念，看看為甚麼自己覺得不值得開心。是自我批判阻礙自己接觸真正的幸福嗎？還是覺得這是應該的呢？我究竟把覺知放在甚麼地方呢？是放在我有的，還是我沒有的之上？

快樂的體驗需要從感恩開始，有些人覺得比較容易，有些人需要努力。想想今天的生命裡有甚麼值得感恩的事，用心好好感受，然後送上感謝。

我感恩有靈感與你分享，也感恩有你這位讀者。

瑜伽、冥想

【瑜伽練習】

有次我練習鴿式，看到我的腿健在，感到無比歡喜和感恩。我想：我不知道明天自己的腿還在不在，如果不在了我會很痛苦嗎？我會如何呢？我想了一下，覺得會不捨得，那時我就不能再做這個動作，亦不能教瑜伽了。如果不能教瑜伽真的有點可惜，因為我實在太喜歡這個工作了。但如果有一天命運這樣安排，那我做甚麼好呢？我的答案是：那就做一些不用腿的事吧。這個想法讓我更加珍惜身體健康的每一天。

鹿式／鴿式 ※

進入動作：坐在地上，把重心放在右臀。右膝蓋成九十度，微微往外打開，比右髖關節相對往外。

先從鹿式開始，左膝蓋靠近右腳跟，這時會下意識想平均坐在兩個坐骨上，但我想你把重心放在右坐骨，就算左股盤離開地面也沒問題。放鬆膝蓋、大腿，吸氣時把脊椎延長，呼

※鹿式

※鴿／鹿混合式——尾巴角度不同

※鴿式

氣時把上身往前趴，趴得多遠、多低都沒問題，重心保持在右腳附近。先用幾個呼吸去放鬆身體。我們的目的是希望伸展右臀部，強度約六到八成，可以先從淺入深。若趴下去等了一會，身體放鬆後卻覺得右臀無法伸展六到八成的話，就可以慢慢把左腿的「尾巴」往後延伸，直至右臀伸展為止。強度也要保持六到八成。在右膝蓋貼着地面的情況下，讓左股盤慢慢往地板沉下去（骨盤不一定要擺正）。

動作裡的練習方式

找到了動作的形態後，慢慢感受肚皮的自然呼吸。之後把覺知延展到全身，吸氣時感受身體，呼氣時對身體微笑，感謝身體努力地幫助你面對這個動作的「困難」，容許身體放鬆。每一次吸氣時感受身體不同地方，可以從腳開始感受至頭部，呼氣時對她們微笑，感謝她們對你的支援、無條件的配合與愛。

約五分鐘後可慢慢放鬆，稍微休息一會，換另一邊。

【冥想練習】

我們常常只專注於自己欠缺的、自己沒有的、自己不好的事物上，把自己弄得很不開心。最近我發現當與好朋友一起聊天時，一些我覺得很容易就做到的事，比如感受情緒、明白當中的意思，我的朋友卻會感到詫異、神奇。而當朋友分享一些她覺得很容易做的事，像是她能夠透過他人的聲音知道那個人身心哪裡有困擾，我卻覺得非常驚嘆。後來我漸漸發現，我們的長處就是那些自己覺得做起來很容易、理所當然、自然而然的東西。正因為太自然、太容易，我們不覺得那有甚麼特別。另外，這些天賦每人不同。就好像天生擅長跑步的人，他想成為運動員，當然也需要努力，但比起天生擅長音樂的人來說，要努力跑出同樣成果卻不太可能。

我們不需要只把時間放在自己不好的地方，可以多把時間專注於自己最喜歡、覺得做起來最容易的事情上，因為那是我們來地球的目的——把這天賦發揚光大。當然，這不等於你不可以去學新東西，但出發點最好是因為你有興趣，而不是你覺得學會之後你會變得好些。就好像魚兒說：「游泳對我來說太容易了，那並不算甚麼，我覺得我要學會飛，因為我不會。」如果這樣做的話，你只會把自己弄垮，到最後還是回到原點，做回一條魚，同時由於不懂得飛而終生覺得遺憾。鳥兒認為飛是很容易的事，牠說：「飛有甚麼了不起？你會潛水才是好。」可如果鳥兒嘗試像魚兒般住在水裡，牠一定會性命難保。

我希望你能回到原本，知道自己覺得甚麼容易、舒服、開心，這就是你。當你認清自己，就不會再嘗試成為他人，就好像魚兒學會魚兒擅長的游泳，不會再去努力變成鳥兒。魚兒不能飛不等於牠比鳥兒差，牠們根本不能比較，兩者同樣優秀。

好，先找到舒服的坐姿，用一兩分鐘回到肚皮或鼻孔，觀察自然的呼吸，在呼氣時放鬆身體。建議先把下面的引導錄音，之後再進入冥想。

幻想坐在你最喜歡的地方，可能是在草地上、高山上、海灘、森林中、瀑布旁、湖邊等。沐浴於溫暖的陽光下，感受微風輕吻你的臉，這是多麼舒服的一個地方啊。在吸氣時感受到身體躺在這個你最喜歡的地方，呼氣時讓身體放鬆，如果臉上露出微笑，容許自己。就這樣在吸氣時感受這個地方給你的安全感，感受這個完全接受你是你的感覺，呼氣時讓自己舒舒服服地沐浴在這個地方、這個能量中。讓自己享受約五分鐘。

感受一下在這個地方你完全被接受，不用變成另一個人，無論做得好不好，都完全被接納。幻想一下你從小喜歡做的事情是甚麼。運動？跳舞？音樂？創作？跟朋友聊天？聽心事？幫助別人？耕種？旅行？回到小時候的你，做這些喜歡的事情時有多開心愉快？在吸氣時看到或者感受到自己做這些事情，呼氣時感受做這些你喜歡的事時那個快樂的感覺。

再回想從小到大有哪些你覺得很容易做的事情。可能你常常為別人提供建議，可能運動對你來說很容易，可能畫畫是一樣全不費力的事，可能你很懂得看他人的眼色，可能你記性很好，可能你對數字很敏感，可能你從小到大都喜歡鼓勵他人做自己喜歡的事情等，不用想太多，感受一下自己做甚麼很容易上手？在吸氣時留意那是甚麼事情，呼氣時放鬆身體，感受一下做這些事情時內心是多麼喜悅、多麼快樂。讓自己回憶、感受約五分鐘。

再次感受自己躺在這個「秘密地方」、這個屬於你的地方。吸氣時感覺這個地方，呼氣時放鬆身體，享受這裡給你的愛與平安。這個地方提醒你，你來的目的就是要把你的禮物與別人分享，而你的禮物就是你覺得最開心、最自在、最容易的東西。感受一下那是甚麼禮物。不需要想太多，放下猜疑、顧忌，好好感受這個上天給你的禮物。在吸氣時感受這份禮物，呼氣時讓這份禮物、這個天賦好好在體內沉澱。練習約五分鐘。

當你感到自己的天賦已穩定地放在心中時，可以把專注力再次帶回整個身體。在吸氣時留意身體容器，呼氣時放鬆，對自己送上微笑。

約兩、三分鐘後慢慢深呼吸幾次，用口呼氣，把不需要的全都呼出來。之後慢慢張開眼睛，感受一下那份平安、愉快與自在，知道原來快樂就是回到自己。

第二十二章 愛自己最好的方法

包容自己

我能如何愛自己呢？我愛自己嗎？還是我「覺得」我愛自己？

若果愛是無條件的，能包容一切的話，那我們可以透過自己有多包容自己的種種來評定自愛的程度。

提到愛自己，我們往往會覺得：如果我能再瘦十磅，我會更愛自己；如果我能得到那份工作，我覺得自我感覺會良好一點；如果我找到「他」，我會覺得自己的被愛指數會高些。我們有意無意地受這些外在條件影響，以此定義自我價值。多年來我都會用這些「身外物」來評定個人價值，以為只要不斷努力，總有一天我會「達標」，到時就能輕鬆享受站在高處的滿足感。但有趣的是：當擁有得愈多，就愈覺得不夠，覺得還可以再好一些。從表面上看好像很進取，可我覺得那些不斷往外求的日子跟一些癮君子沒大分別，只是我並非依賴毒品，而是靠看起來更漂亮的瑜伽動作，教授更多的人等，沒完沒了。

這樣往外尋求的日子維持了好一陣子，我確實得到很多，但同時我亦覺得疲憊不堪。有時慢下來，就能察覺一種淡淡的煩躁及恐懼感，會想：「如果我不能再創高峰怎麼辦？」我發現人爬得愈高，那份無名的不安就會愈大，也愈怕「守不住」或掉下來。如果我不好好照顧出自內心的恐懼不安，那麼無論我到哪裡，都會被它推着走，會不斷介意他人的眼光和意見。要停止這個惡性循環，必須從內着手。

面對潛藏的傷口

當我去留意自己的不安時，我發現這些恐懼是人類共通、與生俱來的感受。不好好處理這種能量的話，我們很容易呈現各種不同形式的控制性行為或思想。這份潛藏的不安總令我們在面對外界的改變時變得惶恐，導致我們要往外尋求，試圖去控制其他人、事、物。

如上所述，當我們愈往外求，就愈追求成功、名利，也愈遠離問題的核心——潛藏的不安感。要觀察或處理內在的不安確實不容易，因為這些不安往往帶來巨大的悲傷或沉重的感受，而這些感受會讓我們感到軟弱及無助。從小到大我們受的教育都教導我們要「力爭上游」，「勝者為王」，我們亦更難接受自己失敗的一面。

可是，若果我們避開潛藏的不安，我們就在否定自己部分內在核心。就好像從來不觸碰身體某一部分，那部分因為缺乏你的呵護，開始腐爛，甚至發臭。你發現無論你到哪裡，這種難聞的味道還是像影子一樣跟着你。因為這一部分黏着你，它的臭味讓你不自在，這種不自在漸漸影響你生活的其他部分。

若果我們要愛自己，首先要停止往外尋求的心，處理發臭的傷口，控制傷勢，讓它慢慢療癒。要處理傷口，先要聆聽它的需求。

冥想

【冥想練習】

首先學習認識到自己內在有不同的感受。

感受只是身體想要表達內裡體驗的一個語言，就好像紅綠燈一樣，紅燈或綠燈不代表好或不好，而是我們對事物的理解令我們受苦或快樂。

找個舒服的坐姿，用一兩分鐘先把身體放

鬆，留意肚皮或鼻孔的自然呼吸。之後把覺知開放到全身，純粹觀察身體的感受，留意我們有多少不同的感受。觀察感受時一直留意自然呼吸，這樣呼吸就能幫助我們於當下穩定下來，不會被雜念帶走。留意感受無常的特性，不需要標籤好、壞，愉悅或不愉悅。幻想自己站在山頂上，感受風如何輕吻你的臉，感受風向的改變、太陽的溫暖、草動的聲音、鳥聲等。毫無加減地去感受這自然的交響曲，不留戀、不厭惡任何一個特別的感受。

這樣練習約二十到三十分鐘。

這個練習有助你開始擁抱不同的感受。要記得，沒有好的感受，也沒有壞的感受，它們通通都是感受而已。當你開始把感受只看成感受時，你慢慢能夠把不安視為其中一種感受，能夠與它並存，與它一起呼吸。像其他感受一樣，它們都有自己的日程，到適當時候就會淡化、離開。當你容許自己有不安的感受時，你的不安會因為那具包容性的呼吸和覺知而轉化，然後你將有能力去擁抱各種不同的體驗。

在任何時候都不離不棄地與自己的感受同在就是愛的表現。有不安感不是問題，我們每個人都會感到不安，這是當我們不知所措時自然產生的感受。要知道你有這樣的感受很正常，沒有問題。問題在於：好了，我有這樣的感受，現在我選擇如何去面對呢？

我們用甚麼態度去面對這些不安直接影響我們的體驗。當我們愈覺得自己有問題，那問題就會愈大；當我們容許並聆聽這些不安，同時認識到這沒有問題，只是一個訊息，我們就會變得安穩與平安。

這是愛自己最好的方法。

古語有云：「己所不欲，勿施於人。」如果你希望在感到脆弱時有人能夠無條件地去擁抱你，先這樣對待自己吧。當你能無條件地包容自己，你就有空間去愛身邊的人了。

第二十三章　愛讓人自由

愛他人

「Love will set you free.」這句話很多人都聽過。聽到這句話時，或者會想起電影裡主角知道心愛的人不愛自己，但因為愛對方，所以讓對方離開等的畫面。其實除了這些場景，在生活裡如何能保持這種態度呢？

不如先探討一下「愛」這個字。究竟愛是甚麼呢？當你去愛的時候，你希望這人、事、物一直在你身邊不變？還是不介意對方離開呢？當你愛對方的時候，是因為對方符合你的要求嗎？如果對方不再符合你的期望，你的愛會有所改變嗎？

在反思以上幾個問題時，大家可能會發現自己所謂的愛是有條件。如果對方以我喜歡的方式對待我，我就很喜歡，就很愛；如果對方改變了，做一些我不贊同的事情，就沒有那麼愛；如果對方堅持做我不同意的事情，讓我不舒服，那我就選擇離開，因為我「不能愛」了。

這是愛嗎？如果這是愛，那「愛」與「認同」有甚麼分別？如果愛要被認同的話，你覺得這份愛會讓你或對方自由嗎？

如果愛是在一些框框底下產生的話，愈愛就愈有窒息的感覺。看看自己與伴侶相處的時候，我們到底想要改變他？還是希望他做自己呢？就算你覺得你的出發點對他有多好，如果他不想改變，但你因為「非常好的原因」來改變他的話，你覺得他會覺得自由嗎？如果他不做你希望他做的，你又會給他怎樣的目光、怎樣的臉色呢？當你說：「好，我就讓你做你想做的，我不管了。」那你是在愛他，還是放棄他？

如果愛是讓人自由，不用像電影情節一樣讓對方離開，我們亦可以讓對方做回他自己。

男人內心的男孩

早前丈夫希望考電單車駕駛執照，問我的意見（我猜他是想試探我的想法），我便爽快地回答：

「你喜歡就去考吧！」我知道他以前喜歡在賽車場開跑車，也因如此，他知道如果一不小心會危及性命，所以練習電單車時，他亦非常努力及小心。看到他認真投入，我感到駕駛電單車對他來說很重要。丈夫很聰明，第一次考試就順利過關，之後買了車並開始在街上練習。當他剛開始駕駛電單車，我就發現他整個人都開心了、輕鬆了，壓力少了很多，對事物的態度也不像以前那麼緊張和執着了。

我認識一位叔叔，他和太太感情很好，兩人結婚多年還是很甜蜜。我問他箇中竅門是甚麼，他說：「每個男人內心都有個男孩，如果能讓那個男孩走出來，男人就會很開心，開心的話兩個人的關係自然就會好。」我一直記着他這番話。自從丈夫駕駛電單車後，我發現他找回他的男孩，整個人的狀態也更好。叔叔果然沒錯。

自從丈夫擁有自己的電單車後，他告訴我他的車吸引了很多不同年紀的男人紛紛前來詢問駕駛電單車的樂趣。他們亦告訴他，自己十分渴望駕駛電單車，可是因為太太或家人反對，唯有放棄。他說當中年紀最大的已有七、八十歲，他的男孩還在，並沒有因為年齡增長而消失。

聽了丈夫的分享，讓我思考，不讓另一半或兒子駕駛電單車的家人，究竟是怕失去對方，還是因為愛他呢？當然很多人害怕對方受傷，但我也留意到很多恐懼來自害怕失去對方或對方的能力，多於害怕對方受傷。這是很細微的分別，你也可以留意一下：究竟我是害怕對方受傷所以不開心？還是我怕他受傷之後影響我規範的生活？

不舒服源自舊傷口

我們給自己甚麼，就會給他人甚麼。可以多留意自己，當發現不舒服的感受，無論來自身體或情緒時，自己有否用邏輯思維去跟那些感受理論，甚至告訴自己不應該有那些感受，應該要怎樣怎樣。當我們用邏輯思維跟自己的感受理論時，我們就是在否認自己的感受。試想想，當我們否認自己的時候，我們在愛自己，還是恨自己呢？可能你會覺得沒到恨自己那麼嚴重，但絕對有厭惡的成分。

留意一下，我們雖然真心希望他人開心，可是如果他人做回自己的話，有時候對方的決定會影響自己，像是影響了自己的計劃（本來打算跟對方在某時結婚）、自己的身份（我家庭的健康影響我作為媽媽或太太的形象）、個人成敗（如果失去了丈夫我就是失敗）。我們覺得自己的領域被挑釁，為了保護自己的利益，就不得不反對其他人的做法了。

其實對方的行為不但會影響我們的領域，更重要的是我們努力去掩蓋的舊傷口與不安亦會被勾起，特別是那些被遺棄、不被認同的感受。細心留意的話，你會發現這些傷痛其實與對方沒有直接關係，我們希望控制的並不是對方的行為，而是希望透過控制外界來避開某些還沒痊癒或不知怎樣處理的舊傷口。

在《自己的玻璃屋》一章我分享了丈夫前段時間工作非常忙碌，令我感到被忽略。雖然我很不舒服，但也知道如果不是我多年來一直支持他相信自己，做自己喜歡的事，他今天應該不會那麼忙碌。有一刻我感到我對他的支持造成了今天自己被忽略的感受。儘管真的不舒服，也很矛盾，可如果讓我再選一次，我仍然會支持他做他自己，因為我知道被忽略的感受是我的舊傷口。

放下外在準則

我們再深入一些觀察所謂「維繫自己的利益」，主要包括自己在社會的地位、他人對自己的看法、自己的價值等。想一想，這些所謂的價值是真的嗎？這些價值來自愛，還是來自恐懼呢？有多少能釋放自己，又有多少會綁住自己呢？

我們從小就學習要在社會出人頭地，成為律師、醫生、銀行家，一定要有錢、有地位，這樣才會被他人及社會肯定。可當我們一直往外尋求，希望得到外界的認同及肯定，就會開始不再相信自己，只能透過跟他人比較來確認自己的狀況。因此，我們只能看他人臉色做人。在比較的國度裡，永遠有人比你擁有更多、做得更好，就算自己成為世界第一，亦不能安枕無憂，到時又會擔心自己的成果會否被其他人奪去，或者擔心不能再創高峰。人愈站得高，就愈要鞭策自己。在比較的制度下，沒有人有空間讓自己做自己，沒有一天感到滿足。

你有沒有反思一下，每天如是，依照他人的標準生活，你究竟感到多自由呢？可能你會覺得能選擇去哪裡旅行、週末去哪，已經很自由，因為是你選的。但在這些表面自由以外，當我們活在很多「應該」、「不應該」的陰影下，我們究竟能夠多自由呢？

如果愛不能用金錢來衡量，而是用自由、成長空間來衡量的話，我又有多愛自己呢？我有多容許自己做自己呢？還是我要自己做到社會、父母、同輩覺得我「應該」成為的我呢？

反思

【反思練習】

愛自己是需要學習的。

首先，我們要練習容許自己有不同的感受。

無論開車或走路時，每當你看到紅燈，就停下來，用一分鐘留意自己那一刻的身體姿態、感受，以及呼吸的節奏，感受那一刻身體的體驗，感受自然而然、無添加的呼吸。放下「應該」的感受、「應該」的呼吸節奏，讓一切順應自然，好像局外人一樣觀察這些不同的感受。

每天這樣練習的話，你會發現每次的呼吸節奏、身體感受、身體姿態都有些不同。可能一開始你希望找到「應該」或「想要」的感受，可當你漸漸容許一切隨緣的話，你會發現一份清新的喜悅。這喜悅並非來自外在物質，而是來自容許自己做回自己的空間。

問自己，我有甚麼可以做，讓自己自由一些呢？可以先從比較簡單的範疇去想，像是今天我不再逼自己減肥，容許自己吃一杯冰淇淋；今天我要放自己一天假，不照顧孩子，給自己一些空間去做想做的事；今天我要推卻不嚮往的聚會，不再因為害怕拒絕他人而逼自己參與，練習有技巧地推卻對自己沒益處的人、事、物。

之前提到我覺得支持丈夫是值得、是對的，內心卻仍不舒服，但其實心的感覺與行為並沒有抵觸。我告訴自己：「我知道你做得對，也可以不開心，因為你真的不開心，對嗎？你已經做得很好了，想哭就哭吧。」當我容許自己有這樣的感覺，不開心也會減少了。

留意給自己自由與放棄自己是兩種很不同的能量。我們其中一個生命課題是：如何給自己一些呼吸、做回自己的空間，而不是自暴自棄，學習尊重自己、擁抱自己。

當你容許自己有不同的感受，就不會再被外界設定的框框綁着，也不會因為看到對方與自己的不同而懷疑自己的存在價值。當你容許自己有不同的體驗，也能夠容許他人有不同的體驗，這就是愛了。這時候，你們也從愛中釋放，得到自由了。

六、

學會去愛

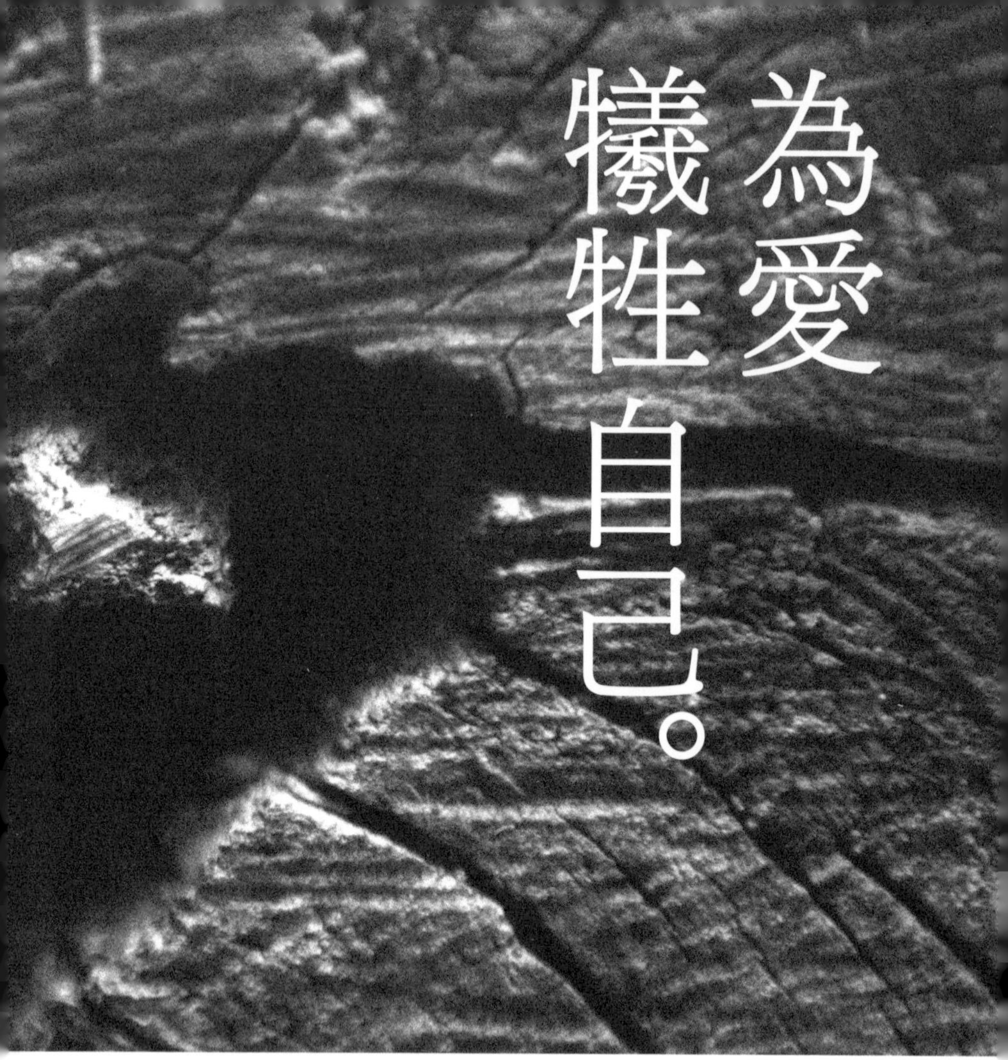
為愛
犧牲自己。

愛自己為先。

第二十四章 選擇與恐懼

選擇的目的是讓我們得到釋放。當你發現每個決定都寸步難行，多數是因為你已被過去的榮耀或將來綁住了。你的選擇能為你帶來靈性最高的真善美？還是為了妥協？或者為了幻想出來的受惠者而有此選擇？

如果你的選擇是基於他人怎樣看待你，你會發現這個選擇的每一步都很沉重、很艱辛。因為每步都走得擔驚受怕，最後你會選擇停在原地，但不久你又會為自己的懦弱而自責、後悔。這個惡性循環會一直延續。

可如果你的選擇是基於保持心的雀躍與熱誠，你也會遇到另一種恐懼：面對未知的恐懼。你害怕受批評，因為你做的選擇並無前車可鑒，你的勇氣可能對其他想這麼做卻沒行動的人造成威脅，所以你會發現自己很容易被他人的說話中傷。

無論你做哪個決定都會左右為難。話雖如此，細看之下就會發現，一個選擇能讓你心靈成長，另一個則讓你萎縮。若你選擇妥協，就會發現自己的成長也會被妥協；若你選擇聽從內心的話，你的智慧及保持穩定的能力將備受考驗，從而得到成長。

生命是關於成長與體驗。如果你問一棵樹：「樹，請問甚麼是生命？」樹會說：「不斷尋找自己能發揮的空間，體驗成長的過程，這就是生命。」我們的成長建立在未知上，只有面對新的東西才能發現新的能力，做開心的事才能看到自己的光。

有人問我：「你每天上那麼長時間的課，是否覺得很累？」我的回應十年如一日：「對，一個月總有一兩天覺得身體很累，但百分之九十五的時間我都是透過教學去充電。」他們覺得很奇怪，透過教學充電？不是放電嗎？

以前我一直不知道為甚麼自己愈教愈有能量，只覺得是因為我喜歡罷了。但漸漸我開始明白箇中原因了。

前段時間我要帶領一個八小時的瑜伽生活禪課程，可上課前我卻患了感冒，喉嚨疼痛。由於早已安排好，我仍然去上課。說了差不多八個小時的話，病情理應轉差。下課時身體的確有些疲憊，但是喉嚨居然不再痛了！精神確實比上課前好很多。

在我嘗試尋找原因時，我想起一個故事。佛陀有次給一位病入膏肓的老伯念經，老伯之後就好起來了，人們覺得很神奇，但佛陀表示，真相具有療癒效果，我只是念一些真理給他聽。我在上課時傳達了愛這個真理，不但學生們覺得輕鬆了，自己也得到了療癒。

得到療癒除了因為分享的東西是真實（Truth）的道理，也因為我在做自己最享受的事，可以放下所有顧慮，做回自己。當自己完全回到本質狀態時，我愛自己的一切，完全包容及欣賞自己，因此做事時不用費力，愈做愈開心，自己的光愈來愈亮。我開始明白，做自己開心的事既能讓人打開身心，自己的潛能和光華也會毫無保留地呈現。這時候的我們最接近本質，也最漂亮。

與心連結

社會教我們與人比較，結果自己永遠被比下去，自我懷疑、自卑、自責、自我討厭就成了不能避免的結果。就算這一刻贏了他人，自己也會因為恐懼而繼續被自我懷疑綁住。無論做甚麼選擇也好，當你做決定時，自我懷疑、自我批判的魔鬼就會出現，那些恐懼都在試探和攻擊你穩定、自信及虔誠的心。這是一場考驗：測試你對神或對偉大的宇宙力量的信心有多堅定。我們的恐懼會拉遠我們與心中的神或大智慧的距離；相反，愈接近心中的神或大智慧，我們內心的恐懼也會慢慢消失。一切來自你的選擇：選擇恐懼，或者愛與信任。

親愛的，你不用等看到十步後會發生甚麼事情才開始做決定。當第一步出現，你就可以開始走了。就這樣一步一步慢慢來，其他的自然會發生。每步都與心連結，雖然有時仍然恐懼，但每步都會給你力量。若你不相信，硬要知道所有你看不到的，你的力量就會被恐懼拿走了。

愛是真實，愛接納、包容，能療癒一切。當我們看到自己的光華時，我們就在愛自己、在包容自己，這份對自己的無條件的愛也能帶來療癒。

做出釋放你的心、強化你的穩定力與內心平安的選擇吧。

第二十五章　愛自己有雙贏效應

今年與丈夫到新西蘭旅行，他從小到大都喜歡騎單車，這次亦提議參加一個六天單車團。我希望能夠從他的角度去看世界，讓我多明白他、多感受他，雖然這個行程對於十五年沒有騎長途單車的我來說有點壓力，但當細心的他解釋說如果騎得累了，可以乘坐單車團的巴士，而騎車路線是從山到海，聽起來我覺得應該可以應付，再說單車旅遊書也介紹說歡迎任何人參與，自問體能並不是太差，就很快答應他了。

不過其實我對於這六天會怎樣真的沒有任何預計。行程第一天要騎四十多公里，中間有一次小休。對數字不敏感的我並不太清楚四十公里代表甚麼，反正來了就騎吧。一開始遇到大小山坡，我一邊騎，一邊看着路程錶，看自己騎了多遠，差不多每幾百米看一次，感到辛苦得很，心想：「糟糕了，騎得那麼辛苦才騎了七公里，還有三十多公里！還有五天啊！」

繼續奮鬥時，只感受到自己的呼吸聲和腦袋裡的吶喊，周圍的風景、風的感覺、空氣的清新等通通感覺不到。我聽到自己不斷地罵自己：「你看，明明你不喜歡騎單車，你就是希望令老公開心，但你現在舉步維艱，看你怎麼有能力讓老公開心？老公看到你黑着臉，他就知道你不喜歡。」想到這裡我哭了出來，一邊騎，一邊哭，一邊聽到內心不斷罵自己。

在那一刻我才發現，為討好他人而委屈自己，往往只會帶來雙失的結果。沒有人會開心。

不勉強自己的心

每個小行為都是生命的投射。除希望丈夫開心而選擇單車旅程外，在生命中我也經常為了希望令他人開心而勉強自己，不知不覺產生了很多怨氣。我發現，無論體驗多好，怨氣總會把所有快樂拿走。如果體驗不好的話，怨氣會讓我們既埋怨他人，亦會加倍埋怨自己。如果在勉強的狀態下做一些事情的話，無論那個不願意有多小，這個強逼自己的行為也一定會產生怨氣。當怨氣出現，就會埋沒所有快樂的機會。

如果我想令他人開心，也不能勉強自己，快樂不能建立在勉強上。

我決定讓自己選擇：如果有任何勉強的成分就坐巴士吧。當我踏上巴士、放下車隊時，我第一次感受到原來可以透過「不努力」感到無比的自豪與快樂。以前的認知告訴我只有懦弱的人才會放棄，但今天我學習到愛自己就是不要勉強自己的心。

當我在巴士上休息夠了，我覺得騎單車比坐巴士能得到多些快樂時，我又回到路上，與丈夫還有其他隊友會合。有次會合後我們遇上逆風，上斜坡時雖然艱辛，比第一天騎四十公里的挑戰厲害得多，但因為這次我為自己而騎，想看看自己能騎多遠、意志力有多強，即使身體很累，也沒有絲毫痛苦的感覺，反而愈戰愈勇，愈騎愈開心。

沒有人期待我要完成整個三百公里的路程，只是我那個完美主義的心魔作祟而已。當我放下我以為他人對我的期望時，亦放下了我應該要令他人開心的想法，使自己得到釋放。因為釋放了自己，便有空間感到快樂；因為感到快樂，他人亦會被我的快樂感染。

最後我不知不覺地騎了二百公里。很感激這個機會，讓我發現愛自己並不自私，那是最「環保」、最互惠互利的方法。當我愛自己時，他人同時會得到快樂，這是雙贏的選擇。

第二十六章 原來爸爸很愛我

親情

我跟朋友說過：「上次感受到爸爸的愛大概是在三、四歲的時候。」

三十七歲的我常回想起那時候。因為媽媽在花店工作，爸爸就會帶我和弟弟到動植物公園玩。那時弟弟剛學會走路，還會坐在地上玩石頭。我記得，當時我很喜歡爸爸。

人愈大，跟爸爸的關係愈疏遠。我從小到大都幻想爸爸可以像電影裡仁慈的父親一樣，但事實就是，每次回家都被他罵這樣那樣做得不好，手太慢、腦太笨，總之甚麼都不好就是了。為了不被嘮叨，我有很多事都瞞着他。不知不覺間，我對爸爸的怨氣愈來愈大。曾想過為甚麼我有這樣的父親？佛學說是自己選擇自己的父母，而非父母選擇我們，故我多次問自己，究竟為甚麼要選這樣的父親？為甚麼跟自己這麼過不去？

有好幾年，每次與爸爸出外吃飯時，聽到他批評這個，批評那個，我都感到怒火沖天，很想大罵他一場，哪管他人的目光。可是無論多衝動我也做不到，這時又會恨自己沒勇氣，唯有在幻想世界裡把他大罵一場。無論怎樣處理自己的情緒或冥想，那股怒火總是陰魂不散，每次想起或見到爸爸都有種倒楣的感覺。

在修行的旅途上，無論遇上甚麼師父，都教導我要與父母和好。在心靈諮詢的層面，亦聽過若與爸爸不和，一定會影響與丈夫的關係等說法。多年來透過細心觀察，我發現自己對爸爸的態度真的會不知不覺轉移到丈夫身上。我愛我的丈夫，亦知道要好好處理和爸爸的關係，卻感到束手無策。

我的頭腦告訴我爸爸很愛我，心卻未能被說服。多年來我嘗試用不同方式去愛他，對他的恨也少了，但我能夠原諒他嗎？好像還不完全能，亦不想。

確實存在的父愛

最近做了一個感恩練習，題目是為身邊最重要的三個人、五件事感恩。除了我親愛的丈夫與媽媽，我還想起爸爸。看着爸爸的照片（沒有很多他的照片，只好到臉書查找他的個人資料照片），慢慢回想我對他感恩的五件事，才發現他為我做了不少事，而且全都是很有影響力的大事。

因為他無條件付出，不怕面對夫妻分離的危機讓我們移民到加拿大，讓我能在當地上學，沒有他偉大的決定，我不能變成今天的我。他在我最需要支持的時候來加拿大陪伴我，在我最窮困、最需要一輛車的時候給我買了一輛漂亮的嶄新Mini Cooper。他可以不給我買車，或者買一輛舊車，但他卻給我買了我最喜歡的車。最重要的是，我一直以為他不支持我的瑜伽事業，總嘮叨我為甚麼要教瑜伽，整天飛來飛去，不生小孩，但原來他從沒有阻止我，原來他的不阻止就是一種支持。

爸爸的愛一直都在，還是滿滿的愛！只是我眼睛瞎了，看不到、感受不到，還怨天怨地。原來爸爸只是沒有用我喜歡的方式來愛我，但他的愛確確實實存在。我感到既羞愧又激動，亦對他非常感恩。

我把我的發現與爸爸分享，不是因為渴望得到他的讚賞，而是我怕愛得太遲。不要等到太晚才去愛你的父母。沒有父母不愛自己的子女，只是他們不懂得用你喜歡的方式表達而已，你的修行就是學習如何解讀他們的愛。

愛已在，不用等。有時你的看法未必一定對，放下分歧，用心感受吧。

附錄

瑜伽練習的要點

這本書提供的體位法只是作為參考，動作建議並不等於唯一用來幫你應對困難的方法，也不能以練習取代其他療程，如藥物或心理諮詢。這是一個幫助你愛自己、包容自己、了解自己的練習，用折中的態度去面對，無論動作的外相如何亦不是最重要，相對來說你在練習裡的反應才是最應該了解的。

在平地上練習

不少學生喜歡在家裡躺在床上練習，但因為床是軟的，很多時會卸掉力量，可能會讓你的練習強度大幅減低，繼而失了動作的功效；或者會把重心移到小關節（如頸椎、膝蓋），導致小關節受壓。建議在地上練習，可以放一張瑜伽墊，也可以加一張毛毯，讓自己躺得舒服。

練習態度

本書大部分的練習為陰瑜伽，意思是藉由比較長時間停頓的動作去伸展結締組織，如筋膜、肌腱，以及韌帶。適量的陰瑜伽能幫助舒緩緊繃的身體，放鬆身心，刺激體內能量的流動。由於陰瑜伽屬陰性的練習，故我們必須保持陰的態度去練習，意思是指：用放鬆、開放、隨緣的心態進入動作，放下諸如：我一定要走多遠、我要伸展多少、我要努力的陽性想法，同時放鬆被伸展附近一帶的肌肉，保持呼吸自然。

至於《在迷失中找答案》及《甚麼都不知道》兩章的陽瑜伽練習，方式相對於陰瑜伽要跟隨外相，練習時間一般較短，約幾個呼吸。本書的陽瑜伽練習以站姿為主，盡量使用站姿腿的肌肉，放鬆其他小的肌肉，如肩頸、臉等，眼睛看着前方一點，放鬆視線。

伸展

如果在練習裡感到伸展的感覺，也就是有

一塊或一條肌肉被拉長很正常。在練習時，可以將強度保持約六到八成，先從六成強度開始，覺得可以的話才慢慢增加，從淺入深。如果呼吸變得急速甚至停止，就表示動作強度超過自己可承受的程度，這時建議你放鬆些，直到可以把覺知保持在呼吸上。

如果在做動作時覺得關節不舒服，可參考不同章節的指引。如有需要可請教你的瑜伽老師。

呼吸

陰瑜伽：以自然呼吸為主。

陽瑜伽：呼吸為長而深，吸氣時可慢慢在心中數到四，呼氣時亦如是，利用腹式呼吸法呼吸到肚皮，平衡每個呼吸的節奏與深度。

體位法裡的呼吸能直接反映你內在的世界，因此請以呼吸為主，動作為次。當你留意到呼吸，就表示你已回到當下。

冥想練習的要點

結合收錄於我第一本書《瑜伽・生活禪》內有關冥想練習的要點，以及新添加的練習心得，在這裡與大家分享。

找合適的地方

在家裡找個讓你覺得舒適、安靜而不受干

擾的地方。你可嘗試在同一個地方練習數天，再試試另一個角落或房間，直至找到令你感覺最有共鳴的一處，就將那角落定為你禪修之地。你可以將這裡稍作裝飾，畢竟這是個神聖的地方，供你探索心靈旅程。有些人喜歡擺放晶石，安放對他們有特別意義的雕像，或者純粹保持整潔。每次來到這裡，便能感受到一股無形的推動力，助他們探索心靈旅程。

找合適的時間

任何時間都可以是好時間，重點是定下規律。有些人視冥想為早上第一件事，另一些人下午才有空閒，也有人選擇睡前練習。同樣，你可先試試在不同時間練習，以便找出讓你覺得最對的時間。通知家人你的禪修日程，以便在該時間內你能享有寧靜的空間。

找舒適的坐姿

怎樣坐是個人選擇，形式也很多，最重要適合自己，以便能坐得穩定，保持脊柱自然伸展，希望把身體的不適減到最低。一開始也許會因不習慣長時間坐着而令身體緊繃，建議可以先做一些伸展練習，放鬆髖、背和腿。我們的身體會隨着訓練逐漸適應靜坐的修習。和做任何事一樣，別忘記給自己多一點耐性和慈愛，便可更容易享受坐禪練習。

當你感到脊椎向上延展，腰椎微微前凹（維持天然弧度），腿能自然放鬆，氣血能順暢流動，你就知道自己已找到最自然合適的姿勢了。

假如坐姿不正，我們會開始駝背，壓力漸漸在背部及髖關節累積，令我們難以保持安穩的坐姿，甚至昏昏欲睡。因此正確的坐姿有助放鬆臀部屈肌，脊椎往上延伸，讓兩膝垂下，低於髖部。假如坐下時你的膝蓋高於髖部，會令背部逐漸後凸，腰部會開始感到疲累，影響冥想的集中力。

市面上有不同的產品幫助我們找到舒服的坐姿，例如冥想坐墊、凳子或靠背椅，墊高臀部有助增加坐禪時的穩定性，讓腰椎自然前凹。其實要尋找高度和柔軟度合適的坐墊也是一門藝術，選購時不妨多花時間試用，以找到最合心意的輔助用具。

以下介紹的不同坐姿，你可逐一嘗試，親身驗證哪一個適合這一刻的你。

【1 坐在椅上 Maitryasana】

因為膝蓋、臀或背部狀況較難坐在地板上的人，可以選擇坐在椅子上。坐下時將身體重量聚於骨盤前端，腰部便能夠維持輕微弧度。雙腿分開與臀部同寬，腳掌平穩地放在地板上，感受雙腳和整個姿勢的穩定性。讓背部離開椅背，這樣能保持頭腦清醒。頭頂像升降機般往上伸延，脊椎會有拉直的感覺，保持下巴和頸項在自然正中位置。

【2 簡易坐 Sukhasana】

大部分坐禪姿勢均採取席地而坐，是因為其穩定性比坐在椅子上高，令身體獲得足夠支持，亦比較容易保持覺醒。也有說法指出，屈曲雙腿使雙腳靠近骨盤，有助將能量往內帶動，提升集中力。坐在地板上，交叉雙腿，把其中一隻腳擱在相反的脛骨（小腿骨）下。也可在坐骨下放墊子，讓膝蓋自然向兩旁垂下，低於臀部。盡量坐在墊子前端，使骨盤微微向前傾斜，以便令下腰微微向後彎曲到一個自然彎度。如果髖和腿繃緊，膝蓋離地，就在膝下放毯子或發泡膠墊。記住保持骨盤左右平均，以便脊椎能保持正中位置，雙手放在膝上或腳上，掌心朝上或下。也可以擺冥想手印（Dhyani Mudra），也就是將非慣用手擱在慣用手上方，雙手掌心均朝上疊起，放在腳上，讓左右拇指輕碰。

【3 至善坐 Siddhasana】

與簡易坐相似，但將放在上面的腳背拉到另一邊的大腿和腳踝之間。此坐姿較簡易坐紮實一點，穩定性更高，如一膝蓋離開了地板，可在那膝蓋下放軟墊，手的擺位跟簡易坐類似。

【4 金剛坐 Vajrasana】

如果膝蓋不適、大腿外側繃緊或患有坐骨神經痛的人，可考慮日式跪姿金剛坐。這個姿勢讓雙腿置於中立或內旋狀態，大腿無須像其他坐姿般向外轉。這跪姿能使骨盤比較容易前傾，讓脊椎挺拔伸展，對某些練習者來說膝蓋和臀部都能放鬆一點。有需要也可跪坐在軟墊或冥想凳子上。要是足踝前方感到很大拉扯，可將捲起的小毛巾（像一條壽司卷）墊在腳踝下，雙手放在大腿上掌心朝上或下，或使用冥想手印。

【5 半蓮花坐 Ardha Padmasana】

蓮花坐是其中一種最穩定的冥想姿勢，然而只有髖關節活動幅度大的人才最能受惠。半蓮花坐姿是單邊盤腿，將置於上面的腳放在另一腿的摺縫（即鼠蹊，腿與腹交接凹處。根據瑜伽傳統，是先放右腿折疊於左髖關節摺位，有助促進能量流動）。留意當把腳帶到另一邊髖部時，盡量將它靠攏另一腿的脛骨，慢慢把腳拉貼鼠蹊，留意不要把腳往上拉高，以免膝蓋承受壓力。有需要的話可以把薄坐墊放於骨盤下，協助脊椎伸展。手部擺位與簡易坐的建議相同。

【6 蓮花坐 Padmasana】

與半蓮花坐相似，擺好半蓮花坐姿後，另一邊腳靠向脛骨，然後慢慢沿着大腿將之拉近另一腿髖部的摺位（同樣，先擺右腳然後左腳）。手的位置如同上述。記住我們是在尋求穩定性和舒適感兼備的坐姿，如勉強擺出蓮花坐而身體很不舒服及開始感到壓力，會讓你難以專注冥想，建議你考慮其他坐姿。別忘了，蓮花坐並不是解脫的必備條件。

請記住，選擇坐姿最重要的一點是不過剛也不太柔，穩定而舒適。

不少打坐的人在一開始都面對腳部麻痺的問題，其實這只是血液循環不足而已，一般並無大礙。視乎個人定力，若沒被麻痺感打擾心情，不妨繼續練習；如果感到困擾，就將氣息帶到腳部麻痺之處，同時觀察自己的反應。如果多次嘗試利用呼吸去舒緩麻痺感仍不能讓注意力回到冥想練習的話（留意往往是我們沒有真正嘗試就放棄），那就動一動，但繼續專注在禪修對象上。

盡量少動，避免當遇到不快感覺就要解決，以免練習變成強化我們的習慣性反應。每次冒起想動的念頭時便集中呼吸，等五至十次呼吸後，如覺得還有需要移動身體，才慢慢有覺知地作出調整。腳會麻痺也許跟輔助工具的高低有關，席地而坐的人不妨檢視一下是否要換一種坐姿，查看一下輔助用具如坐墊的軟硬度；而在椅上練習的人可考慮換另一張椅子。

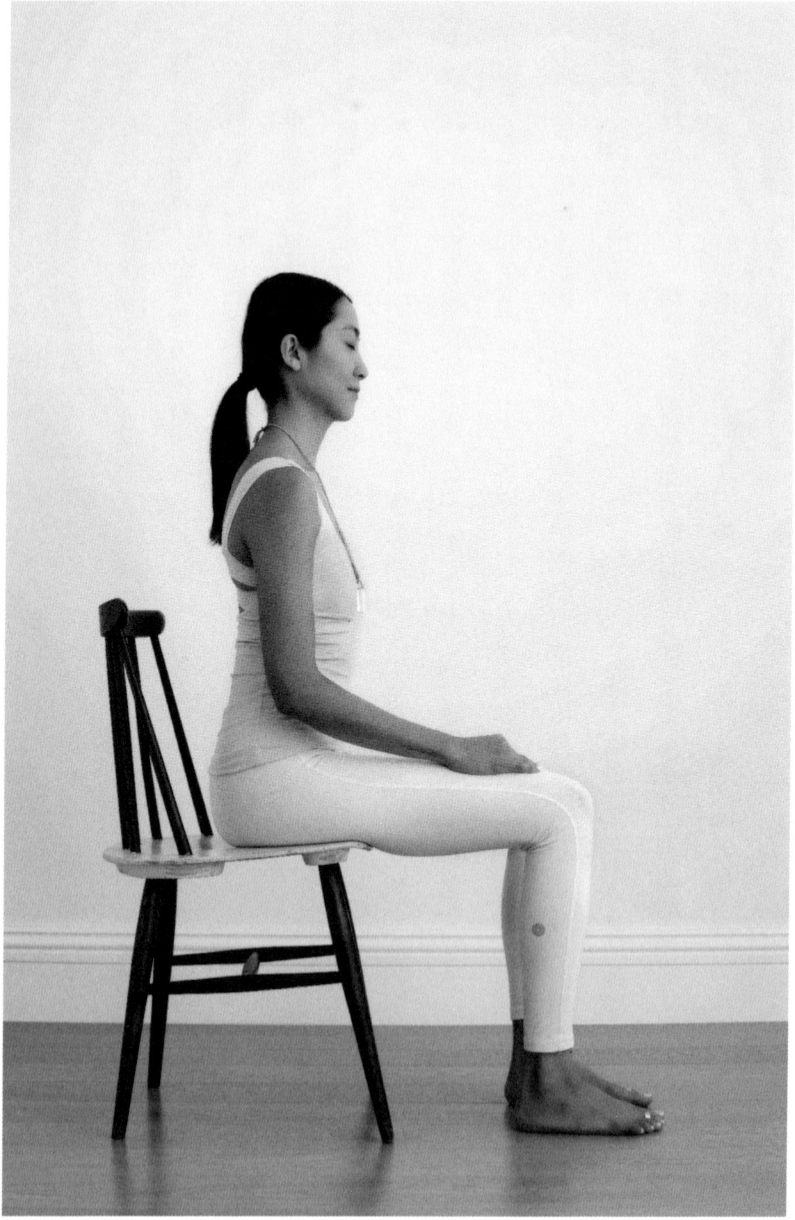

1 坐在椅上（Maitryasana）

2 簡易坐，使用軟墊（Sukhasana）。

2 簡易坐（Sukhasana）

3 至善坐（Siddhasana）

4 金剛坐（Vajrasana）

4 金剛坐，使用冥想凳子（Vajrasana）。

5 半蓮花坐（Ardha Padmasana）

6 蓮花坐（Padmasana）

計時

有些人因為沒有計時器，所以隔一陣子就會睜開眼睛看時間，這樣很難讓自己的心靜下來練習。現在有很多智能電話都有計時功能，你可以選一個柔和的鈴聲，用電話計時，這樣就能安心練習了。我很喜歡用一個叫「i-Qi clock」的手機應用程式（只適用於蘋果產品），你可以下載試試。

開始練習

當找到舒服的坐姿，閉上眼睛，先讓身體放鬆。深吸氣，吸入到肚皮、胸腔約三、四秒；稍微停頓；之後用口呼氣，從胸腔、肚皮呼出約三、四秒；呼氣後略為停頓，總共四次。第一次放鬆身體，第二次放鬆皮膚，第三次放下各種念頭，第四次放鬆各種情緒感受，之後便讓呼吸回到自然的節奏。

這時，放下對呼吸的任何控制、期望，觀察肚皮因呼吸而產生的自然起伏。吸氣時肚皮會隆起、呼氣時肚皮會縮小，像氣球一樣。透過觀察肚皮的自然起伏來認識每次呼吸的來去，如是者好好觀察每次呼吸。開始時亦可把一隻手放在肚皮上，幫助你感受肚皮的活動，當感受到了就可以把手放鬆，練習單憑覺知去觀察。

有些人會覺得留意鼻孔比留意肚皮容易，亦可以試試深呼吸幾次後，自然呼吸，把覺知帶到上嘴唇以上、鼻孔內的這個小範圍，又或者可以留意鼻孔裡的感覺。吸氣時留意冷空氣通過鼻孔進入身體，呼氣時留意暖空氣離開。你可以幻想自己是一座城堡的守衛，站在城門外，留意他人進出。

一開始練習時，如覺得很難感受呼吸，可以加深、加強呼吸，可比較容易察覺到呼吸的進出。這樣改變呼吸幾次，感受到呼吸後，就容許呼吸找回本身的節奏。記得每次坐禪只用肚皮或鼻孔其中一個呼吸點，如果每次坐禪時，因為覺得感受不到呼吸就把呼吸點換來換去，我們就會一直加強自己的習慣反應，沒有給機會自己定下心來觀察。而觀察才是練習目標。

練習觀察自然的呼吸，目的是學習觀察實相為何物，並不是製造一些假象或自己喜歡的東西來觀察，否則就跟我們平時的習慣反應沒甚麼分別。我們希望透過觀察自然的呼吸學會尊重現況，放下自己的執着，故練習觀察自然呼吸的意義甚為深遠。

希望大家每次練習二十到三十分鐘，這樣才有足夠時間把心靜下來，再去觀察平常自己忽略的事情。如果真的沒有二十分鐘，就練習十五分鐘吧。

練習完畢後徐徐張開眼睛，可以略為按摩或伸展一下身體，讓自己慢慢回到生活中。

持續練習

其實冥想練習最難的是啟動引擎，成為習慣。我記得常霖法師常常叮嚀學徒「寧可短、不可斷」，意思是持續冥想練習要比練習時間長度重要。在此建議先設定一個你可以恆常練習的時間長度，如每天在同一時間練習二十分鐘，練習一段時間後，覺得可以了，才把練習時間加長。如果一下子就把練習時間設得很長，長達四十分鐘，甚至一小時，便很容易覺得沮喪，繼而失去想繼續的動力；若果停了一陣子，想再重新開始就更難了。

要記住，如《瑜伽・生活禪》裡說過，冥想不一定要在蒲團上，時時刻刻都可以找回你的呼吸，留意身體容器的形狀與感受，在呼氣時放鬆身體。無論排隊、搭車、等電梯、等紅綠燈時都可以練習。

要是把練習視為差事便很難走下去，因此找個自己坐得舒服、穩定的坐姿，定好合適的時間，絕對能幫助你建立穩定的練習習慣。當你從練習中感到愉悅，就能夠持續下去了。

記住了，放下對練習結果的期望，練習是為了學習包容各種狀況，而非為得到平安。

附錄　冥想練習的要點

延伸閱讀

前世今生

鍾李哲著：《開啟前世檔案：前世的密碼與今生的對話》，台北：宇河文化出版有限公司，二〇一二年。

Brian L. Weiss, *Many Lives, Many Masters: The True Story of a Prominent Psychiatrist, His Young Patient, and the Past-Life Therapy That Changed Both Their Lives*. New York: Fireside Book, 1988.

Dan Millman, *The Life You were Born to Live: A Guide to Finding Your Life Purpose*. California: HJ Kramer Inc., 1993.

生命智慧

周志建著：《把自己愛回來：改寫生命腳本的療癒故事》，台北：方智出版社，二〇一四年。

Mitch Albom, *Tuesdays with Morrie: An old man, a young man, and Life's Greatest Lesson*. New York: Doubleday, 1997.

Pema Chodron, *When Things Fall Apart: Heart Advice for Difficult Times*. Boulder: Shambhala Publications, 1997.

冥想禪修

Thich Nhat Hanh, translated by Annabel Laity, *The Blooming of a Lotus: Guided Meditations for Achieving the Miracle of Mindfulness*. Boston: Beacon Press, 1993.

（一行禪師著，釋慧君譯：《正念蓮花》，香港：皇冠文化出版有限公司，二〇一四年。）

新時代書籍

Neale Donald Walsch, *Conversations with God, Book 1: An Uncommon Dialogue*. London: Hodder and Stoughton, 1997.

Pamela Kribbe, *The Jeshua Channelings: Christ consciousness in a new era*. Florida: Booklocker.com, 2008.

Rhonda Byrne, *The Magic (The Secret)*. New York: Atria Books, 2012.

瑜伽與佛學

Janet Lau、吳慧芬著：《瑜伽・生活禪》，香港：三聯書店，二〇一四年。

脈輪與心理學

Anodea Judith, *Eastern Body, Western Mind: Psychology and the Chakra Aystem As a Path to the Self*. New York: Celestial Arts, 2004.

佛學與正念

Bhante Henepola Gunaratana, *Journey to Mindfulness: The Autobiography of Bhante G.* Somerville: Wisdom Publications, 1998.

Thich Nhat Hanh, *The Heart of the Buddha's Teaching: Transforming Suffering into Peace, Joy, and Liberation*. New York: Broadway Books, 1999.

（一行禪師著，方怡蓉譯：《佛陀之心：一行禪師的佛法講堂》，台北：橡實文化出版社，二〇〇八年。）

筆記